たのしい食事 つながる食育 活用ブック

CONTENTS

- 目次(指導者用資料)......2
- 低学年(原著 P1〜8)......4
  - ▶資料・食に関する指導 年間指導計画 例（低学年）......20
- 中学年(原著 P9〜18)......22
  - ▶資料・食に関する指導 年間指導計画 例（中学年）......42
- 高学年(原著 P19〜27)......44
  - ▶資料・食に関する指導 年間指導計画 例（高学年）......62

資料
- 作成者の意図を知る「小学校の食育の学びを体系化」......63
- 参考学習指導案①　「3年生 理科 植物の体のつくりや育ち方」......66
- 参考学習指導案②　「3年生 総合的な学習の時間 食べもの 大へんしん!」......68
- 参考学習指導案③　「5年生 家庭科 ゆで野菜サラダを作ろう」......70
- 参考レシピ　　　　「高学年『食べ物から世界を見よう』ボボティー」......72

はじめに

学校における食育では、子供たちが生涯にわたって健全な食生活を営むことができるよう、食に関する正しい知識を習得し、自ら判断する力を身に付け、望ましい食習慣の定着につなげていくことが大切です。

この教材は、児童が毎日元気に過ごすために、食事の重要性や望ましい生活習慣の必要性などについて、各教科・領域や給食の時間の中で学習することを目的に作成しました。

また、児童の発達段階に応じて、食事のマナーや楽しく食事をすることの大切さといった基本的な内容や、食品の生産・加工・流通、食事と健康の関係、我が国の食文化といった食生活に関連する内容を体系的に記述しています。

この教材が、学校の教育活動全体を通じて活用されることによって、全ての児童が食に興味・関心を持ち、考えて行動する力を身に付けるとともに、全ての教職員がそれぞれの地域や学校に合わせて工夫しながら食育を展開していくことを願っています。

指導者用資料「はじめに」より

本書の3つの特徴

児童用ページと指導者用ページを見開きでレイアウト。使いやすく工夫しました！

※ページ袖には原著のページ数が記載され、PDF・Word資料のファイル名とも対応しています。

指導案・年間指導計画例など、実践のヒントになる資料を充実しました！

※先進取組校での本教材を活用した食に関する指導年間指導計画を例として各学年で紹介しています。

※作成委員の先生方による学習指導案の提案を掲載しています。

文部科学省 HP から配信されている本教材 PDF・Word データ※を CD-ROM に収録！

※2017年03月DL

 PDF

ワークシートとして印刷するのに便利。文字(フォント)やレイアウトに変化が出にくいデータです。

 Word

文字を変えたり、イラストだけを取り出すことができるデータです。各校でオリジナルの教材を作るのにも便利です。

目　次

※総合的な学習の時間は 総合 としています。

低学年

- さあ、みんなの給食がはじまるよ！ 1年 特別活動 …… 1
- 食事をおいしくするまほうの言葉 1年 道徳、特別活動 …… 2
- はし名人になろう 1年 特別活動 …… 3
- みんなで食べるとおいしいね 1年 特別活動 …… 4
- 食べ物の「旬」 2年 生活 …… 5
- 元気のもと朝ごはん 2年 特別活動、道徳 …… 6
- おやつの食べ方を考えてみよう 2年 特別活動 …… 7
- きせつのごちそう（行事食） 2年 生活 …… 8

中学年

- 野菜やいものひみつ（根・くき・葉・花・実） 3年 理科 … 9
- 食べ物が届くまで 3年 社会 …… 10
- 食べ物大変身 3年 総合、国語 …… 11
- マナーのもつ意味 3年 特別活動 …… 13
- 自分の生活リズムを調べてみよう 3年 体育、特別活動 …… 14
- 好ききらいしないで食べよう 3年 体育、特別活動 …… 15
- 元気な体に必要な食事 4年 体育、特別活動 …… 16
- 地域に伝わる行事食を調べてみよう 4年 社会、総合、道徳 … 17
- 昔の生活と今の生活をくらべてみよう 4年 社会、総合、道徳 …18

高学年

- 食べ物の栄養 5年 家庭、総合 …… 19
- バイキング給食にチャレンジ 5年 家庭、総合 …… 20
- 食べ物はどこから 5年 社会、総合 …… 21
- 食事と健康について考えてみよう 6年 体育 …… 22
- 朝ごはんを作ってみよう 6年 家庭 …… 23
- 日本の食文化を伝えよう 6年 家庭、総合 …… 25
- 地域に伝わる食べ物を大切にしよう 6年 総合、道徳 …… 26
- 食べ物から世界を見よう 6年 社会、家庭、総合 …… 27

> ここには、活用が想定される主な教科・領域を示しました。
> これ以外にも、総合的な学習の時間や給食の時間など、様々な教科等において活用してください。

低学年

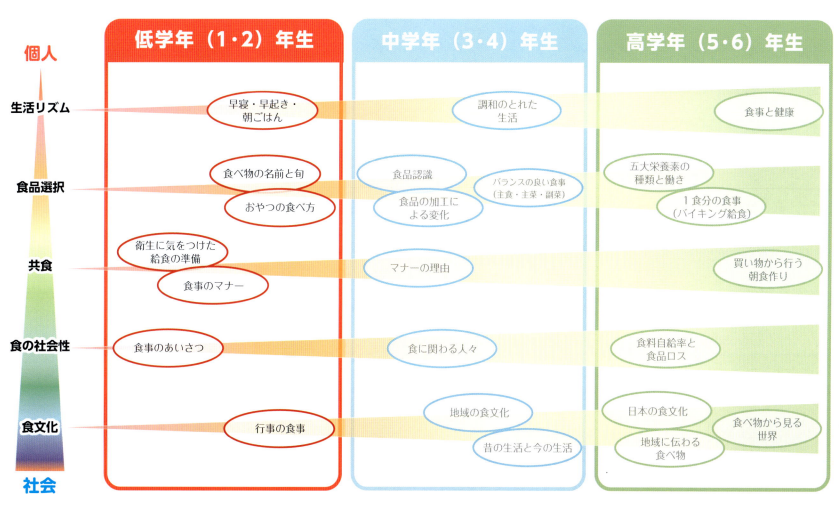

さあ、みんなの給食がはじまるよ！

①手をしっかりあらう

手に水をかけて石けんをつける。　よくあらう。　石けんをよくあらいながす。　給食用のハンカチでふく。

②みんなでじゅんびする

きれいにあらった手／かみの毛が出ないように／マスク きちんとはなと口に／せいけつな白衣／給食用ハンカチ

みじたくをしましょう。

ていねいに…

上手にもりつけましょう。

③みんなで楽しく食べる

④みんなでかたづける

給食のやくそくがまもれたら🍓に色をぬりましょう。

	日にち／	／	／	／	／
①手をしっかりあらう	🍓	🍓	🍓	🍓	🍓
②みんなでじゅんびする	🍓	🍓	🍓	🍓	🍓
③みんなで楽しく食べる	🍓	🍓	🍓	🍓	🍓
④みんなでかたづける	🍓	🍓	🍓	🍓	🍓

さあ、みんなの給食がはじまるよ！

食事前の手洗いや準備・片付けなどの当番を通じて、友達と仲良く給食を食べることができるようにする。

1年 特別活動

①手をしっかりあらう

手に水をかけて石けんをつける。 → よくあらう。 → 石けんをよくあらいながす。 → 給食用のハンカチでふく。

手の平、甲、指の間、指先、手首まで洗うよう指導する。

②みんなでじゅんびする

- かみの毛が出ないように
- きれいにあらった手
- マスク　きちんとはなと口に
- せいけつな白衣
- 給食用ハンカチ

みじたくをしましょう。

ていねいに…

上手にもりつけましょう。

③みんなで楽しく食べる

教師も児童と一緒に会話を楽しみながら食事をする。

④みんなでかたづける

給食の時間を確保するためには、授業時間が給食の時間に食い込むことがないように努めるとともに、児童がゆとりをもって食事を楽しめるよう配慮が必要である。

給食のやくそくがまもれたら 🍓 に色をぬりましょう。

	日にち /	/	/		
①手をしっかりあらう	🍓	🍓	🍓	🍓	🍓
②みんなでじゅんびする	🍓	🍓	🍓	🍓	🍓
③みんなで楽しく食べる	🍓	🍓	🍓	🍓	🍓
④みんなでかたづける	🍓	🍓	🍓	🍓	🍓

食物アレルギー等を有する児童に対しては、細心の注意を払うこと。

食事をおいしくするまほうの言葉

はたらいてくれる家の人

『いただきます』

米や野菜を作ってくれる人

食べ物をはこんだり売ったりしてくれる人

かんしゃの手紙を出そう！

家の人や給食を作ってくれる人に、かんしゃの気持ちをこめて手紙を書いてみましょう。

魚をとってくれる人

食事を作ってくれる人

牛をそだててくれる人

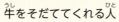

米、野菜、肉、魚もみんな生きていたもの

『ごちそうさまでした』

「いただきます」「ごちそうさまでした」を心をこめて言えたら 🍎 に色をぬりましょう。

	日にち ／			／			／			／			／		
	朝	昼	夕	朝	昼	夕	朝	昼	夕	朝	昼	夕	朝	昼	夕
いただきます	🍎	🍎	🍎	🍎	🍎	🍎	🍎	🍎	🍎	🍎	🍎	🍎	🍎	🍎	🍎
ごちそうさまでした	🍎	🍎	🍎	🍎	🍎	🍎	🍎	🍎	🍎	🍎	🍎	🍎	🍎	🍎	🍎

食事をおいしくするまほうの言葉

1年 道徳、特別活動

食べ物が不足して多くの人が飢えている国もあることから、食べ物を大切にする心と感謝する気持ちを育むようにする。

食べ物をはこんだり売ったりしてくれる人

米や野菜を作ってくれる人

魚をとってくれる人

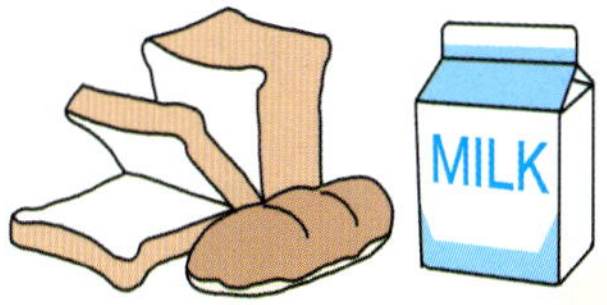

食事には多くの人が関わっていることを知る。

かんしゃの手紙を出そう！

家の人や給食を作ってくれる人に、かんしゃの気持ちをこめて手紙を書いてみましょう。

牛をそだててくれる人

食事を作ってくれる人

米、野菜、肉、魚もみんな生きていたもの

『いただきます』

私たちは、生き物の命をいただき、自分の命を養っている。食べ物を粗末にすることは、他の命を粗末にすることにもなる。いつも感謝の気持ちを込めて、食事の前に「いただきます」のあいさつができるようにする。

『ごちそうさまでした』

「食事を作るために食材を育てたり、集めたり、料理をしたりしていただきありがとうございました。」という意味が含まれている。食事の後には、感謝の気持ちを込めて「ごちそうさまでした」のあいさつができるようにする。

「いただきます」「ごちそうさまでした」を心をこめて言えたら 🍎 に色をぬりましょう。

	日にち	/			/			/			/			/	
		朝	昼	夕	朝	昼	夕	朝	昼	夕	朝	昼	夕	朝	昼
いただきます		🍎	🍎	🍎	🍎	🍎	🍎	🍎	🍎	🍎	🍎	🍎	🍎	🍎	🍎
ごちそうさまでした		🍎	🍎	🍎	🍎	🍎	🍎	🍎	🍎	🍎	🍎	🍎	🍎	🍎	🍎

はし名人になろう

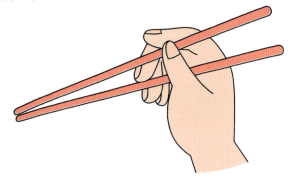

はしのもち方

① 正しいえんぴつのもち方ではしを1本もつ。

② はしを「1の字」を書くようにたてにうごかす。

③ もう1本のはしを親指のつけねから、中指とくすり指の間に通す。

④ 上のはしだけをうごかすようにれんしゅうする。

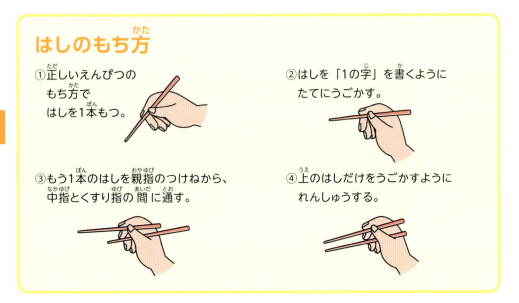

やってはいけないはしのつかい

まよいばし　なみだばし　よせばし

さしばし　もちばし　はしわたし（ひろいばし）

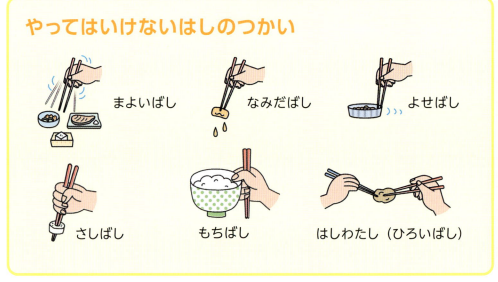

はしをつかってみよう

はしは、いろいろなつかい方ができるよ。できるようになったら🫑に色をぬりましょう。

まぜる

はさむ

くるむ

切る

つまむ

はし名人になろう

はしの持ち方を知り、食器とはしを使って、きれいに気持ちよく食べることができるようにする。

1年 特別活動

主食：ごはん、パン、麺類など主にエネルギーのもとになる。

主菜：肉、魚、卵、大豆製品などたんぱく質の多いものを中心にしたおかずで主に体をつくるもとになる。

副菜：野菜を中心にしたおかずで、主に体の調子を整えるもとになる。

給食のならべ方

はしのもち方

①正しいえんぴつのもち方ではしを1本もつ。

②はしを「1の字」を書くようにたてにうごかす。

③もう1本のはしを親指のつけねから、中指とくすり指の間に通す。

④上のはしだけをうごかすようにれんしゅうする。

やってはいけないはしのつかい方

どれを食べようか、迷ってはしを動かすこと。
まよいばし

遠くから挟んで汁を垂らしながら、はしを動かすこと。
なみだばし

はしで食器を寄せること。
よせばし

はしで食べ物を刺して、食べること。
さしばし

はしを持ったまま、食器を同じ手で持つこと。
もちばし

はし同士で料理を渡すこと。
はしわたし（ひろいばし）

はしをつかってみよう

はしは、いろいろなつかい方ができるよ。できるようになったら🫑に色をぬりましょう。

まぜる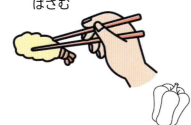

はさむ

くるむ

切る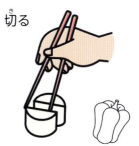

つまむ

みんなで食べるとおいしいね

楽しく食べるためのやくそく

茶わんやしるわんを手にもって食べる。

すききらいをしないで食べる。

口に食べ物を入れたまま話をしない。

よくあじわって食べよう

食べている途中で立って歩かない。

きたない話をしない。

よくかんで、楽しく食べる。

やくそくをまもれたら 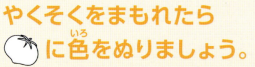 に色をぬりましょう。

みんなで食べるとおいしいね

1年 特別活動

楽しく食べるためのやくそく

家族やクラスのみんなで楽しく食事をすることの重要性を理解し、食事のマナーを習得できるようにする。

食器に指を入れたり、わしづかみにしたりしない。

 茶わんやしるわんを手にもって食べる。

主食、おかずは交互に食べることで、どちらもおいしく食べられる。また、デザートはなるべく最後に食べる。

よくあじわって食べよう

すききらいをしないで食べる。

健康な体をつくるために、苦手なものもできるだけ食べるようにする。

食べ物が飛び散るなどして、周りの人に不快感を与えないようにする。

 口に食べ物を入れたまま話をしない。

友達とふざけたりせず、自分が食べ終わっても、静かに自分の席で待つ。

食べている途中で立って歩かない。

大声を出すなど人の迷惑にならないようにする。

 きたない話をしない。

よくかんで、楽しく食べる。

よくかむことにより、「消化吸収がよくなる」、「あごが発達して歯並びがよくなる」、「食べ過ぎを防ぐ」などの効果がある。

やくそくをまもれたら に色をぬりましょう。

食べ物の「旬」

今は一年中、食べたいものを手に入れることができるようになりました。しかし、食べ物には、それぞれの地域でよくそだち、たくさんとれるきせつがあります。それぞれの食べ物が一番よくとれて、おいしくなった時期を食べ物の「旬」といいます。

町たんけんで、旬の食べ物をさがしてみましょう。

春

夏

秋

冬

町たんけんのきせつ：

見つけた食べ物：

食べ物の「旬」

	2年 生活

> 野菜などの栽培体験や継続的な観察を通じて、生命や自然を尊重する姿勢を育み、旬の食べ物に対する興味・関心を高めるようにする。

今は一年中、食べたいものを手に入れることができるようになりました。しかし、食べ物には、それぞれの地域でよく育ち、たくさんとれるきせつがあります。それぞれの食べ物が一番よくとれて、おいしくなった時期を食べ物の「旬」といいます。

町たんけんで、旬の食べ物をさがしてみましょう。

春：キャベツ、たまねぎ、じゃがいも、いちご、そらまめ、たけのこ、かつお

夏：なす、きゅうり、すいか、にがうり、メロン、えだまめ（だいず）、トマト、あじ

秋：ぶどう、にんじん、さつまいも、きのこ、かき、さといも、くり、こめ、さんま

冬：だいこん、ほうれんそう、こまつな、みかん、ブロッコリー、はくさい、りんご、ぶり

町たんけんのきせつ：

見つけた食べ物：

> 野菜や果物などには、本来、旬があることに気付かせる。
> スーパーへ行ったり、給食の献立表を使ったりして、季節ごとに、よく食べている野菜や果物などの名前をあげさせ、それらを使った料理について調べさせる。

元気のもと朝ごはん　～早ね　早おき　朝ごはん～

～1日のスタートは朝ごはんから～

朝ごはんを食べると元気になるよ！

朝ごはんは1日のはじまりです。
おきてすぐは、体は、まだねむっています。
朝ごはんを食べると、えいよう分が体に行きわたって、ねむっている間に下がっていた体温が上がりはじめ、体は目ざめます。体が目ざめると、勉強やうんどうをするための元気がわいてきます。

朝ごはんを食べるために気をつけること

朝ごはんを食べるためには、早おきして、時間にゆとりをもつことです。夜おそくまでおきていると、朝おきられなくなり、朝ごはんが食べられません。

早ね、早おきのしゅうかんをみにつけ、朝ごはんをしっかり食べて元気にすごしましょう。

朝ごはんを食べたら🍙に色をぬりましょう。

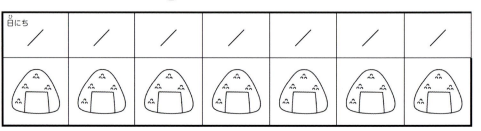

元気のもと朝ごはん　～早ね　早おき　朝ごはん～

2年 特別活動、道徳

> 気持ちのよい一日を過ごすためには、早寝、早起きと朝ごはんをしっかり食べることが大切であることについて理解できるようにする。

～1日のスタートは朝ごはんから～

朝ごはんを食べると元気になるよ！

朝ごはんは1日のはじまりです。
おきてすぐは、体は、まだねむっています。
朝ごはんを食べると、えいよう分が体に行きわたって、ねむっている間に下がっていた体温が上がりはじめ、体は目ざめます。体が目ざめると、勉強やうんどうをするための元気がわいてきます。

朝ごはんを食べるために気をつけること

朝ごはんを食べるためには、早おきして、時間にゆとりをもつことです。夜おそくまでおきていると、朝おきられなくなり、朝ごはんが食べられません。

早ね、早おきのしゅうかんをみにつけ、朝ごはんをしっかり食べて元気にすごしましょう。

「あ～、おなかすいたいただきます！」
「早おきしよう！」

私たちの体には、ほぼ24時間の決まったリズムがある。1日3回の食事を規則正しくとることによって体のリズムがつくられ、健康的な生活を送ることができる。
また、食事をとることで脳が活発に働き、体温が上がる。朝ごはんをしっかり食べて午前中の活動ができる状態をつくることが大切である。

朝ごはんを食べたら🍙に色をぬりましょう。

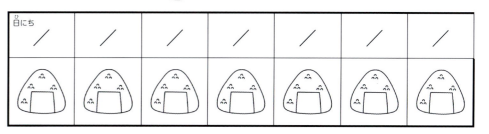

おやつの食べ方を考えてみよう

おやつを食べすぎると、ごはんが食べられなくなります。どんな食べ方がいいのか考えてみましょう。

おやつは食べる時間とりょうを考えて

おやつは、食事の前に食べすぎたり、時間をきめずにだらだら食べたりすると大切な3度のごはんがきちんと食べられなくなります。

おやつを食べるときには、りょうや時間をきめて食べるようにしましょう。

おにぎりとくらべてみよう

 = =

やきいも半分(100g) 　 おにぎり(100g) 　 フルーツヨーグルト(200g)

 =

 =  =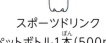

チョコレート半分(35g) 　 ポテトチップス半分(30g) 　 スポーツドリンクペットボトル1本(500ml)

エネルギーのりょうはほとんど同じ

家の人とやってみよう！
おやつのあみだくじゲームだよ！

あまいおかしがすき　　しおからくてあぶらっこいおかしがすき　　おやつは、りょうや時間をきめて食べる　　すきな時間におやつを食べる

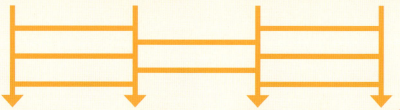

これからもつづけましょう。　　ごはんの時間を考えて食べましょう。　　むしばと太りすぎに気をつけましょう。　　病気のもとになりやすいのでりょうをへらしましょう。

おやつのやくそくをきめよう

① 　

② 　

食物アレルギーについて

たまごや牛乳などが入っている食べ物を食べると、体の具合がわるくなる人もいます。

おやつの食べ方を考えてみよう

おやつを食べすぎると、ごはんが食べられなくなります。どんな食べ方がいいのか考えてみましょう。

おやつは食べる時間とりょうを考えて

おやつは、食事の前に食べすぎたり、時間をきめずにだらだら食べたりすると大切な3度のごはんがきちんと食べられなくなります。

おやつを食べるときには、りょうや時間をきめて食べるようにしましょう。

おにぎりとくらべてみよう

ここに例示した、おにぎり1個（100ｇ）、やきいも1/2個（100ｇ）、チョコレート1/2枚（35ｇ）、ポテトチップス1/2袋（30ｇ）などは、ほぼ同じエネルギー量（約150kcal）となる。

やきいも半分(100g) おにぎり(100g) フルーツヨーグルト(200g)

チョコレート　ポテトチップス　スポーツドリンク(500ml)

間食は、児童が比較的自由に食品を選択することができるため、過度な摂取などにより、食事への影響が出やすいものである。そこで、食事によるエネルギー摂取量と間食によるエネルギー摂取量を説明し、児童が自らの食生活を振り返ることができるようにする。

朝、昼、夕の3度の食事をきちんと食べることの大切さと、間食のとり方について理解できるようにする。

2年 特別活動

あまいおかしがすき
しおからくてあぶらっこいおかしがすき
おやつは、りょうや時間をきめて食べる
すきな時間におやつを食べる

たいへんよくできました
これからもつづけましょう。

ごはんの時間を考えて食べましょう。

むしばと太りすぎに気をつけましょう。

病気のもとになりやすいのでりょうをへらしましょう。

おやつのやくそくをきめよう

① 「食物アレルギーについて」
食物アレルギーは、特定の食べ物を食べることによって、皮膚・呼吸器・消化器あるいは全身に生じるアレルギー反応のことをいう。症状は多岐にわたり、じんましんのような軽い症状からアナフィラキシーショックのような命に関わる重い症状まで様々である。

②

食物アレルギーについて

たまごや牛乳などが入っている食べ物を食べると、体の具合がわるくなる人もいます。

きせつのごちそう（行事食）

学校では入学式、運動会、遠足、そつぎょうしきなどの行事があります。また、地域ではむかしから行われている祭りなどの行事もあります。このような行事には、そのきせつや内容にあったごちそう（行事食）があり、それぞれにいみがこめられています。わたしたちの生活をゆたかにする行事を大切にし、行事食を楽しみましょう。

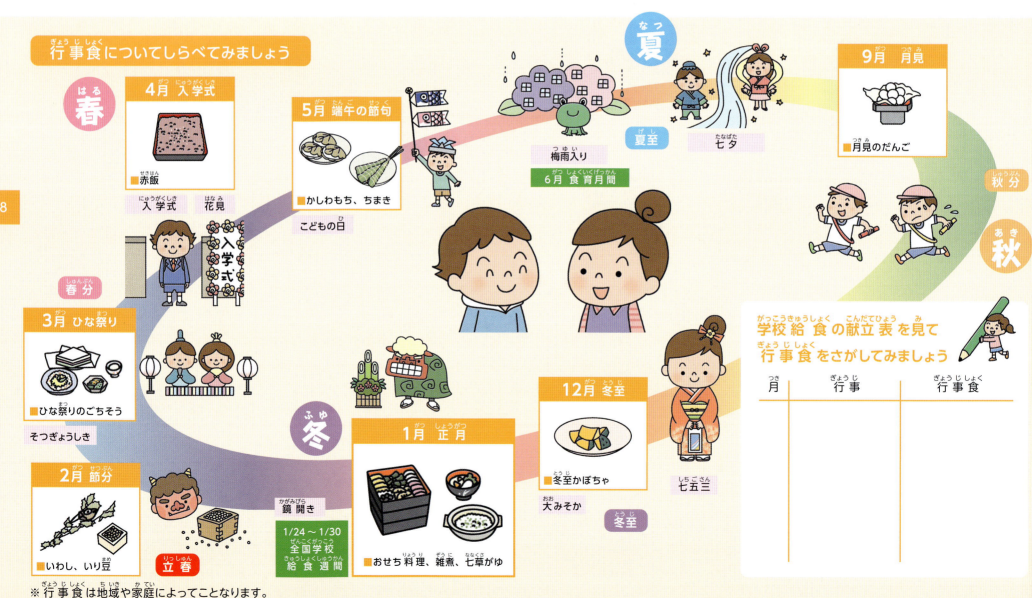

※行事食は地域や家庭によってことなります。

きせつのごちそう（行事食）

2年 生活

学校では入学式、運動会、遠足、そつぎょうしきなどの行事があります。また、地域ではむかしから行われている祭りなどの行事もあります。このような行事には、そのきせつや内容にあったごちそう（行事食）があり、それぞれにいみがこめられています。わたしたちの生活をゆたかにする行事を大切にし、行事食を楽しみましょう。

旬の食べ物や節句、冬至、正月などの伝統行事や行事食について知り、季節の料理や行事にまつわる行事食について興味・関心をもてるようにする。

行事食についてしらべてみましょう

春
- 3月 ひな祭り — ひな祭りのごちそう
- 4月 入学式
- そつぎょうしき
- 2月 節分 — いわし、いり豆
- 立春
- 春分

3月3日の「桃の節句」（ひな祭り）には、ひな人形を飾り、ひし餅やひなあられ、はまぐりのうしお汁、ちらしずしなどを食べる風習がある。

夏
- 5月 端午の節句 — かしわもち、ちまき
- こどもの日
- 6月 食育月間
- 梅雨入り
- 夏至
- 七夕

5月5日の「端午の節句」には、柏の葉で包んだ「柏餅」を食べる風習がある。

秋
- 9月 月見 — 月見のだんご
- 秋分

旧暦の8月の十五夜に、縁側や窓辺の月が見えるところに、団子やその年に収穫した作物、すすきなどを飾り、月見団子を食べる風習がある。

冬
- 1月 正月 — おせち料理、雑煮、七草がゆ
- 鏡開き
- 1/24〜1/30 全国学校給食週間
- 12月 冬至 — 冬至かぼちゃ
- 七五三
- 大みそか
- 冬至

正月には、家族の健康や子孫繁栄、豊作などを願っておせち料理や雑煮、七草がゆを食べる風習がある。

かぼちゃは主に夏から秋に収穫される野菜だが、長期保存が可能であり、冬に食べられる貴重な野菜であった。また冬至にかぼちゃを食べると風邪をひかないといわれている。

学校給食の献立表を見て行事食をさがしてみましょう

月	行事	行事食

※行事食は地域や家庭によってことなります。

参考資料 たのしい食事 つながる食育 を取り入れた 食に関する指導 年間指導計画 例（低学年）

埼玉県川口市 栄養教諭 髙田マリ

月	目標	ねらい	全校共通活動（給食時間を含む）	1年学級活動（特別活動）	1年生活科	1年他教科	1年道徳	2年学級活動（特別活動）	2年生活科	2年他教科	2年道徳	給食行事 献立のテーマ
4	あんぜんに じゅんびしよう	給食の準備を安全にできるようにする	準備の仕方 給食当番	「じゅんびや あとかたづけをしよう」『さあ、みんなの給食がはじまるよ！』(P01)『食事をおいしくするまほうの言葉』(P02)【感・社】				「じゅんびや後かたづけをきちんとしよう」【社】		国語「ふきのとう」【文】		入学・進級献立 春の献立（たけのこご飯）食べやすさに配慮し、残量の少ない献立
5	きょう力して かたづけよう	きまりを守り、協力して片付けをすることができる	片付けの約束 食事の基本的マナー	「きゅうしょくにしたしもう」【重・社】	「グリンピースのさやむき」【選】「そらまめのさやむき」【選】	図工 むし歯予防ポスター【健】	「大すき わたしたちのまち」【社,文】	「残さず食べよう」【健・感】	ぐんぐんそだて①（夏野菜）【感】『食べ物の「旬」』(P05)【選・文】	国語たんぽぽの ちえ【文】図工 むし歯予防ポスター【重・健】	「やさいパーティー」【重】	ようこそ1年生給食 こどもの日給食（柏餅）旬を取り入れた献立（グリンピース・そらまめ）
6	よい食べかたを身につけよう	よい姿勢でよくかんで食べ、感じの良い食べ方ができる	よくかんで食べる はし使い 歯によい食べ物	「すききらいなくなんでもたべよう」【健・選】		国語「おむすびころりん」【重】	「かぼちゃのつる」【社、心】	『早ね、早おき、朝ごはん』『元気のもと朝ごはん』(P06)【重・健】				1年生親子会食 カミカミ給食 歯の健康に配慮した献立 県産農産物を取り入れた献立
7	食べものの衛生に気をつけよう	手洗いを徹底させ、清潔意識の高揚を図る。	手の洗い方 白衣・はしの清潔	「あかのたべもの」【健・選】	「とうもろこしのかわむき」【選】「ちょうりいんさんのしごとをしろう」（給食室探検）【感・社】							七夕給食（七夕そうめん汁）夏の献立（うなぎご飯）衛生に配慮した献立
9	ねつや力になる食べものを知ろう	毎日の献立から熱や力になる食べものを知り、主食のよさに気づく	熱や力になる食品 主食の大切さ				「おいもほり」【重、健】	「野さいと友だち」【健・選】				お月見給食（だご汁）熱や力になる食品の啓発
10	体をつくる食べものを知ろう	毎日の献立から体をつくる食べものを知り、進んで食べる。	体をつくる食品 魚など苦手なものも進んで食べる			国語「しらせたいな、見せたいな」【社、食、選】					「きつねとぶどう」【感】「みかんの木のてら」【感】	にこにこ弁当の日 秋の献立（くりご飯、きのこのクリーム煮）体をつくる食品の啓発
11	体のちょうしをととのえる食べものを知ろう	毎日の献立から体の調子をととのえる食べものを知り、進んで食べる	体の調子をととのえる食品 県の農産物	「みんなの にこにこ 大さくせん」【社】		国語「かたかなを かこう」【文】		『おやつの食べ方を考えてみよう』(P07)【選・健】（学校保健委員会『けんこう会議』と連動）	ぐんぐんそだて②（冬野菜）【感】	音楽「かぼちゃ」【文】		「川口の日」の給食（鋳物汁・鉄骨いなりちらし）県産農産物を取り入れた献立 体の調子を整える食品の啓発
12	すききらいなく食べよう	食べ物の働きを知って、すききらいなく食べることができる	栄養の基礎的知識 すききらいなく食べる	「みどりのたべもの」【健・選】	「おしごと名人になろう」【健】	国語「本はともだち」【文、健, 重】					「オレンジ色のおいしい木のみ」【感】	冬の献立 冬至の献立（かぼちゃ・ゆず）サンタの給食
1	かんしゃの心をもって食べよう	心をこめてあいさつをすることができ、感謝の心をもてる	あいさつ 感謝の心を育む 調理員さんへの手紙	「ちょうりいんさんありがとう」【感】「しょくじのマナー名人になろう」『はし名人になろう』(P03)、『みんなで食べるとおいしいね』(P04)【感・社】	「ふゆやすみのお手つだい」【感】		「くりのみ」【心、健】	「ちょうりいんさんありがとう」【感】「おいしい食事ありがとう」【感・社】	『きせつのごちそう（行事食）』P(08)【文】			おせち給食（くりきんとん、田作り、お雑煮）全国学校給食週間 給食集会 招待給食
2	仲よくのこさず食べよう	会食を通して人間関係を育成する	仲よく食べる工夫			国語「どうぶつの 赤ちゃん」【心、食、重】						節分献立（豆ご飯）板前給食 感謝給食
3	バランスをかんがえて食べよう	1年間の給食活動を振り返らせ、次年度の指導につなげる。	1年間を振り返る	「きいろのたべもの」【健・選】								6年生親子会食 さようなら給食（6年生リクエスト献立）ひな祭り給食（ちらし）卒業進級お祝い給食（赤飯）

太字：栄養教諭とのTT授業、「」…「たのしい食事 つながる食育」、食に関する指導の目標：【重】…食の重要性、【健】…心身の健康、【選】…食品を選ぶ力、【感】…感謝の心、【社】…社会性【文】…食文化、※…家庭地域との連携

中学年

(文部科学省 資料『小学生用食育教材－体系的な食育－』を参考に健学社で作成)

野菜やいものひみつ
（根・くき・葉・花・実）

野菜やいもは、食べやすいように人が手を加えて、改良している植物です。

- 根を太く
  →さつまいも

- くきを太く
  →じゃがいも

- 葉を大きく
  →キャベツ

- 花・つぼみを大きく
  →ブロッコリー

- 実を大きく
  →トマト

葉を食べる植物
キャベツ

花・つぼみを食べる植物
ブロッコリー

もともとは同じ植物

根を食べる植物
さつまいも

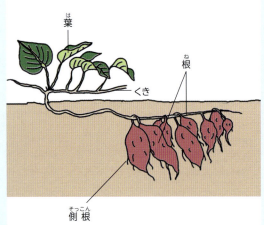

側根

地下のくきを食べる植物
じゃがいも

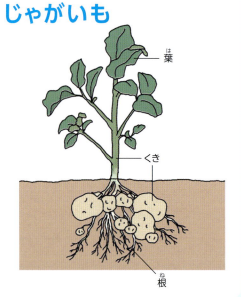

実を食べる植物
トマト

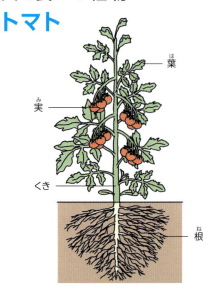

野菜やいものひみつ
(根・くき・葉・花・実)

野菜やいもは、食べやすいように人が手を加えて、改良している植物です。

根を太く
→さつまいも

くきを太く
→じゃがいも

葉を大きく
→キャベツ

花・つぼみを大きく
→ブロッコリー

実を大きく
→トマト

> 身近な植物について興味・関心をもって追究する活動を通して、植物の成長過程と体のつくりを比較する能力を育てる。

根を食べる植物
さつまいも

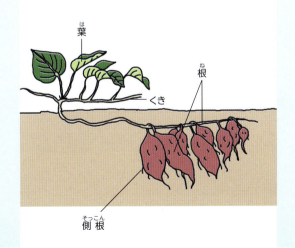

3年 理科

葉を食べる植物　　　つぼみを食べる植物
キャベツ　　　　　　ブロッコリー

> 植物を育てる活動の中で、植物にも生命があることや成長していることに気付き、生物を愛護することができるようにする。

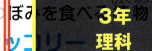

もともとは同じ植物

> 身近な野菜やいもにも根・茎・葉といった体のつくりがあることを理解させる。野菜の写真やイラストを見せて、根・茎・葉それぞれを確認することなどにより、理科の「植物の体のつくり」の学習に広がりをもたせることができる。

地下のくきを食べる植物
じゃがいも

実を食べる植物
トマト

> 参考
> ①理科で根・茎・葉を習った後、様々な野菜に花が咲くか考える。
> ②様々な野菜は、植物のどこを食べているか予想する。
> ③予想が当たっていた野菜、当たっていなかった野菜を確認する。
> ④キャベツを切って確かめる。
> ⑤水の入った容器にブロッコリーを入れておき、今後、花を咲かせることができるか試してみる。

食べ物が届くまで

みんなが毎日食べている食べ物は、どこから来ているかな。

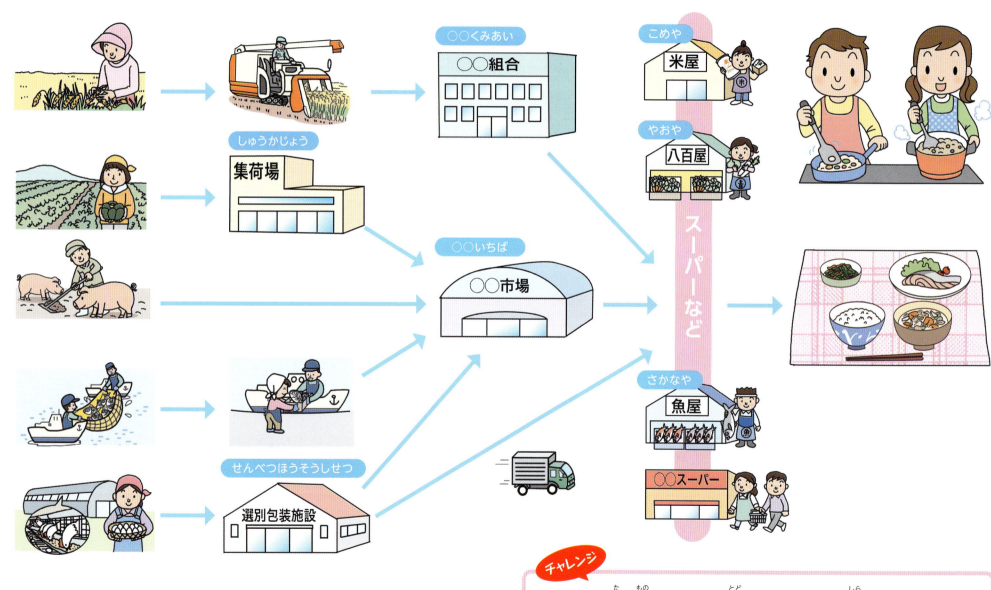

食べ物は、近くでとれたものや外国から運ばれてきたものがあります。
中でも大豆や小麦などの多くは、外国から運ばれてきます。

チャレンジ

いろいろな食べ物が、どこから届けられているかを調べてみましょう。
食べ物には、どんな人が関わって届けられるかを調べてみましょう。

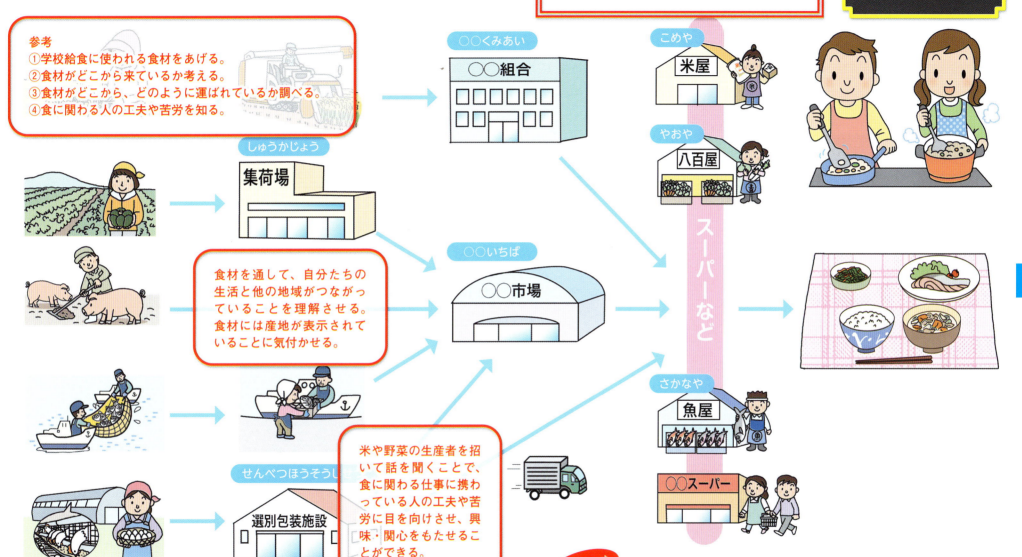

食べ物大変身

食べ物は、いろいろなすがたに変身できます。
どのように変身するかな？

> 大豆は、昔から日本各地の生活の中で利用されてきた大切な食べ物です。

大豆からできる食品

調べてみよう

大豆の変身について調べよう！
- 「にる」「くだく」などの意味を調べてみる。

大豆についてくわしく聞いてみよう！
- 大豆を作っている農家の人にインタビューしたり、図鑑や事典などで調べたりする。
- 大豆からできる食品を売っている店の人にインタビューする。

大豆を育てよう！観察しよう！
- 学校農園などを利用して育てる。
- 大豆の成長の様子を観察する。

大豆を使って料理しよう！おいしくいただこう！
- 豆腐づくりにチャレンジする。
- いった大豆をくだいてみる。
- みそ作りにチャレンジする。

大豆の変身について考え、話し合おう！
- 分からないことはみんなで話し合って解決の仕方を考える。
- 調べて分かったことはクラスのみんなに伝える。
- 大豆の変身についてまとめる。

食べ物大変身

食べ物は、いろいろなすがたに変身できます。
どのように変身するかな？

大豆は、昔から日本各地の生活の中で利用されてきた大切な食べ物です。

大豆からできる食品：きなこ、おから、油揚げ、煮豆、豆乳、豆腐、納豆、みそ、しょうゆ、ゆば、高野豆腐、焼き豆腐

（いる・くだく・すりつぶす／にる・ゆでる／加熱する・しぼる／にがりで固める／あげる／発酵させる／加熱する／こおらせる・かんそうさせる／焼く）

食べ物が、「にる」、「くだく」、「しぼる」、「発酵させる」などの加工により姿を変えて食べられていることを知り、食べ物に対する興味・関心を高めることができるようにする。

3年 総合、国語

国語の学習と関連させ、様々な言葉の意味を調べさせる。

- 大豆を作っている農家の人にインタビューしたり、図鑑や事典などで調べたりする。
- 大豆からできる食品を売っている店の人にインタビューする。

栄養教諭や店の人などから話を聞くことで、大豆への興味・関心が高まり、探究的な学習につながる。

- 学校農園などを利用して育てる。
- 大豆の成長の様子を観察する。

より探究的な学習にするためには、総合的な学習の時間や理科等と関連させながら、実際に大豆を育てることも考えられる。

- いった大豆をくだいてみる。
- みそ作りにチャレンジする。

総合的な学習の時間を活用し、豆腐やみそづくりを地域の方と一緒に取り組むことも考えられる。

大豆の変身について考え、話し合おう!

- 分からないことはみんなで話し合って解決の仕方を考える。
- 調べて分かったことはクラスのみんなに伝える。
- 大豆の変身についてまとめる。

大豆を育てたり、大豆について調べたりすることを通して、大豆が自分たちの生活の中に欠かせない食べ物であることに気付かせる。

米は主食であり、私たちの食生活をささえている大切な食べ物です。大豆と同じように、米もまたいろいろなすがたに変身できます。

牛乳も発酵や分離によりいろいろなすがたに変身できます。

米からできる食品

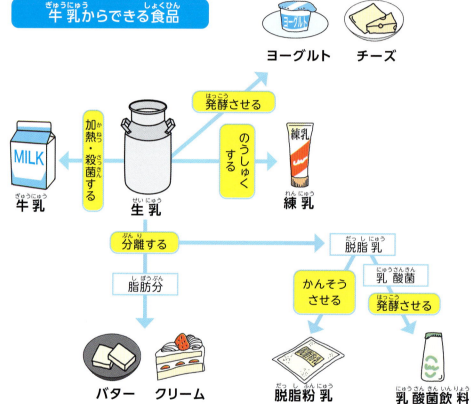

牛乳からできる食品

みんなで調べよう！
- 米を使った食べ物を作っている人にインタビューしたり、図鑑や事典などで調べたりする。

みんなで調べよう！
- 乳製品を作っている人にインタビューしたり、図鑑や事典などで調べたりする。

米は主食であり、私たちの食生活をささえている大切な食べ物です。大豆と同じように、米もまたいろいろなすがたに変身できます。

牛乳も発酵や分離によりいろいろなすがたに変身できます。

米からできる食品

大豆についての探究的な学習と同様に、米や乳製品についても取り組むことができる。取り扱う食品は、学校や地域の実態に応じて決めていくことが望ましい。

ごはん　きりたんぽ　もち　　くだく・焼く→　おかき　せんべい　米粉パン

むす・たく・つく

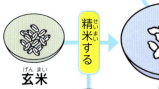
玄米　精米する→　白米

むす・焼く
すりつぶす・くだく→　上新粉・白玉粉

上新粉：うるち米
白玉粉：もち米

米ぬか

ぬかづけ

こうじ菌
発酵させる→

日本酒　みりん　米酢

【発酵】米にこうじ菌を加えたり、乳に乳酸菌を加えたりして、もとの成分を変化させること。

牛乳からできる食品

ヨーグルト　チーズ

発酵させる↗

加熱・殺菌する←　　→のうしゅくする→ 練乳

牛乳　　　　　　　生乳

【濃縮】牛乳など液体の水分を分離させて濃度を高くすること。

分離する→　脱脂乳

脂肪分↓　　　　　　　　かんそうさせる↓　　乳酸菌　発酵させる↓

バター　クリーム

脱脂粉乳　　乳酸菌飲料

みんなで調べよう！
● 米を使った食べ物を作っている人にインタビューしたり、図鑑や事典などで調べたりする。

みんなで調べよう！
● 乳製品を作っている人にインタビューしたり、図鑑や事典などで調べたりする。

難しい言葉は意味を調べさせた上で、様々な変身の仕方があることに気付かせる。

マナーのもつ意味

ひじ、こし、ひざが90度になるといいよ

 ×

 ○

茶わんやしるわんを正しく持って食べる

口に食べ物を入れたまま話をしない

食べている途中で立って歩かない

食事にふさわしい会話をする

マナーを守って食べることで、いっしょに食べる相手や同じ部屋にいる人も、気持ちよくすごすことができます。マナーの悪い食べ方では、多くの人がいやな気持ちになります。

また、食べるときのしせいが悪いと、食べ物の通り道がせまくなってしまい、消化しづらくなります。

マナーよく食べるポイント

きちんとできたら 🥕 に色をぬりましょう。

	日にち　／	／	／	／	／
茶わんやしるわんを正しく持って食べる	🥕	🥕	🥕	🥕	🥕
口に食べ物を入れたまま話をしない	🥕	🥕	🥕	🥕	🥕
食べている途中で立って歩かない	🥕	🥕	🥕	🥕	🥕
食事にふさわしい会話をする	🥕	🥕	🥕	🥕	🥕

マナーのもつ意味

3年
特別活動

ひじ、こし、ひざが
90度になるといいね

食事をするときにマナーを守ることは、一緒に食事をする人を不快にさせないためだけでなく、自分の健康を守るためにも必要であることを理解し、楽しい雰囲気で食事ができるようにする。

 ×

 ○

正しい姿勢が保持できるように、自分の体型に合った高さの机や椅子を使用することが大切である。

食べている途中で立って歩かない

食事にふさわしい会話をする

　マナーを守って食べることで、いっしょに食べる相手や同じ部屋にいる人も、気持ちよくすごすことができます。マナーの悪い食べ方では、多くの人がいやな気持ちになります。
　また、食べるときのしせいが悪いと、食べ物の通り道がせまくなってしまい、消化しづらくなります。

マナーよく食べるポイント

きちんとできたら 🥕 に色をぬりましょう。

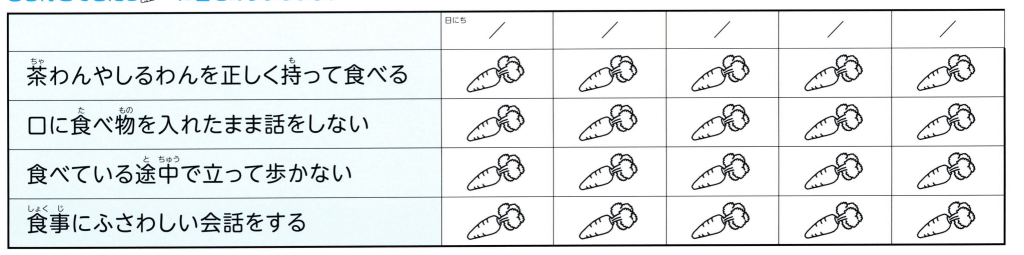

自分の生活リズムを調べてみよう

わたしたちは、朝起きてからねるまでの間、ほぼ決まった生活の仕方ができています。これを「生活リズム」といいます。あなたの生活リズムはどうなっていますか？

起きる時刻	朝ごはんを食べる時間
時　　　　分	時　　分　～　　時　　分

夕ごはんを食べる時間	ねる時刻
時　　分　～　　時　　分	時　　　　分

1日のスタートは朝ごはんから

あてはまるものに○をつけてみましょう。

①今朝、朝ごはんをしっかり食べられましたか？
□しっかり食べた　□少し食べた　□食べられなかった

②どんな朝ごはんを食べましたか？
□ごはん・パンなど　□肉・魚・たまご・大豆のおかず　□野菜のおかず
□汁物（みそしる・スープ）　□果物　□飲み物

③（①で「食べられなかった」と答えた人）食べられなかったのはなぜですか？
□ねぼうした　□食べたくなかった　□いつも食べない　□その他

朝ごはんはなぜ大切なのでしょうか

夜、ねむっているときも、わたしたちの心臓はずっと動いていて、こきゅうも行われています。そのため、朝、起きたときは体のエネルギーは少なくなっています。

朝ごはんは、ねむっていたのうや体を目覚めさせ、勉強したり運動したりするための大切なエネルギーのもとになります。

朝ごはんをしっかり食べるためには

早起きして、ゆとりをもつ。

夕ごはんを夜おそくに食べない。

ねる前におかしを食べたり、夜ふかしをしたりしない。

自分の生活リズムについて気付いたことを書いてみましょう。

自分の生活リズムを調べてみよう

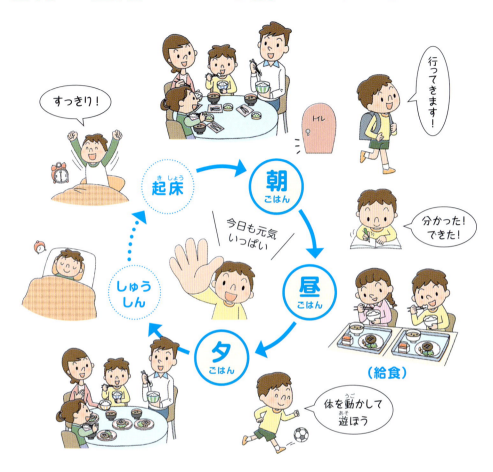

わたしたちは、朝起きてからねるまでの間、ほぼ決まった生活の仕方ができています。これを「生活リズム」といいます。あなたの生活リズムはどうなっていますか？

> 自分の生活と関連付けながら、食事と排便の重要性について理解できるようにする。

起きる時刻　　　時　　　分

朝ごはんを食べる時間　　時　　分　～　　時　　分

夕ごはんを食べる時間　　時　　分　～　　時　　分

ねる時刻　　　時　　　分

> 決まった時刻に起きることや朝ごはんをしっかり食べることは、生活リズムを整えるために大切である。

3年　体育、特別活動

1日のスタートは朝ごはんから

> 1日の生活リズムに合わせて、食事、運動、休養及び睡眠の調和のとれた生活を続けることの必要性について理解できるようにする。

①今朝、朝ごはんをしっかり食べられましたか？

☐しっかり食べた　　☐少し食べた　　☐食べられなかった

②どんな朝ごはんを食べましたか？

☐ごはん・パンなど　☐肉・魚・たまご・大豆のおかず　☐野菜のおかず
☐汁物（みそしる・スープ）　☐果物　☐飲み物

③（①で「食べられなかった」と答えた人）食べられなかったのはなぜですか？

☐ねぼうした　☐食べたくなかった　☐いつも食べない　☐その他

> 生活リズムは家族のプライバシー、ライフスタイルにも関わる。生活リズムを振り返ることが、本人や保護者を否定することにならないよう配慮することが必要である。

朝ごはんはなぜ大切なのでしょうか

夜、ねむっているときも、わたしたちの心臓はずっと動いていて、こきゅうも行われています。そのため、朝、起きたときは体のエネルギーは少なくなっています。

朝ごはんは、ねむっていたのうや体を目覚めさせ、勉強したり運動したりするための大切なエネルギーのもとになります。

朝ごはんをしっかり食べるためには

早起きして、ゆとりをもつ。

夕ごはんを夜おそくに食べない。

ねる前におかしを食べたり、夜ふかしをしたりしない。

自分の生活リズムについて気付いたことを書いてみましょう。

> できていないことを取り上げて否定するのではなく、できていることに目を向けさせ、「よりよく健康になるためにはどうすればよいか。」と問いかけ、自分自身で、問題点や課題に気付くことができるようにすることが大切である。

好ききらいしないで食べよう

あなたの食べ方をチェックしてみましょう

自分にあてはまると思ったら「はい」に、ちがうと思ったら「いいえ」に進みましょう。

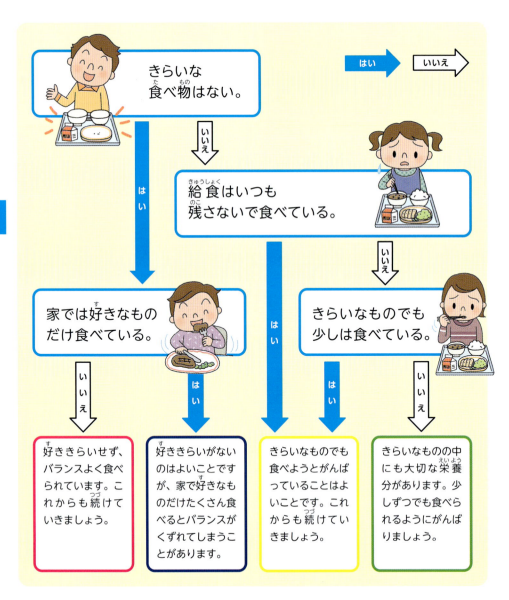

食べ物の3つの働き

給食は3つの働きをもつ食べ物を上手に組み合わせてメニューを作っています。3つのグループをそろえて食べると健康によい食事になります。3つのグループの中で、今日の給食に使われている食べ物に○をつけてみましょう。

がんばって食べたものがあったら書いてみましょう。

好ききらいしないで食べよう

あなたの食べ方をチェックしてみましょう

自分にあてはまると思ったら「はい」に、ちがうと思ったら「いいえ」に進みましょう。

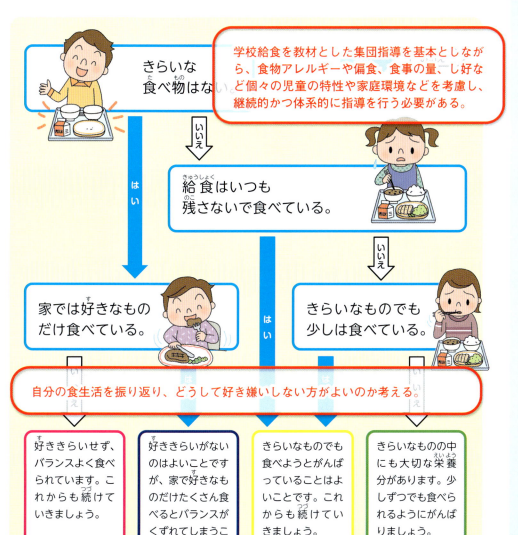

学校給食を教材とした集団指導を基本としながら、食物アレルギーや偏食、食事の量、し好など個々の児童の特性や家庭環境などを考慮し、継続的かつ体系的に指導を行う必要がある。

自分の食生活を振り返り、どうして好き嫌いしない方がよいのか考える。

食べ物の3つの働き

食品の種類やそれぞれの食品の働きについて理解し、残さず食べようとする意欲を高めるようにする。

によい食事になります。3つのグループの中で、今日の給食に使われている食べ物に○をつけてみましょう。

3年 体育、特別活動

食品は、体内での主な働きで3つのグループに分けられ、自分たちが苦手な野菜などにも、大切な働きがあることを理解できるようにする。

がんばって食べたものがあったら書いてみましょう。

元気な体に必要な食事

元気にすごすためには、毎日の生活の中で、調和のとれた食事、適切な運動、十分な休養・すいみんが必要です。

とっているかな？ 大切な栄養素

たんぱくしつを多くふくむ	カルシウムを多くふくむ	ビタミンを多くふくむ

体をつくるもとになる	ほねや歯をつくるもとになる	体の調子を整えるもとになる

栄養のバランスのとれた食事をすることによって、体をよりよく成長させることができます。そのためには、いろいろな種類の食品を食べることが大切です。下のイラストのように、みなさんの体は今、体の成長に必要なほねがつくられる大切な時期です。ほねをつくるもとになるカルシウムをはじめとして、いろいろな栄養素をしっかりとることはとても大切です。

 2〜3歳　 7〜8歳　 11〜12歳　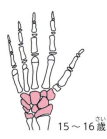 15〜16歳

「主食・主菜・副菜（汁物をふくむ）」をそろえて、栄養のバランスのとれた食事にしましょう。

- 主食…ごはんやパン、めん類（おもにエネルギーのもとになる食品）
- 主菜…魚や肉、たまごや大豆（おもに体をつくるもとになる食品）などを多く使ったおかず
- 副菜…野菜やきのこ、いもや海藻類（おもに体の調子を整えるもとになる食品）などを多く使ったおかず

主食・主菜・副菜（汁物をふくむ）を調べてみよう

給食はみなさんの体の成長をしっかりと考えた栄養のバランスのよい食事です。毎日の給食から、主食・主菜・副菜（汁物をふくむ）を調べてみましょう。

主食……ごはん
主菜……豚肉のしょうが焼き
副菜……みそしる　おひたし
その他…みかん　牛乳

主食……山菜うどん
主菜……ちくわの磯辺揚げ
副菜……大豆の五目煮
その他…いちご　牛乳

みなさんの学校の給食

主食……パン
主菜……魚フライ
副菜……オニオンスープ　野菜サラダ
その他…りんご　牛乳

主食……(　　　　)
主菜……(　　　　)
副菜……(　　　　)
その他…(　　　　)

元気な体に必要な食事

元気にすごすためには、毎日の生活の中で、調和のとれた食事、適切な運動、十分な休養・すいみんが必要です。

とっているかな？ 大切な栄養素

たんぱくしつを多くふくむ	カルシウムを多くふくむ	ビタミンを多くふくむ

体をつくるもとになる	ほねや歯をつくるもとになる	体の調子を整えるもとになる

栄養のバランスのとれた食事をすることによって、体をよりよく成長させることができます。そのためには、いろいろな種類の食品を食べることが大切です。下のイラストのように、みなさんの体は今、体の成長に必要なほねがつくられる大切な時期です。ほねをつくるもとになるカルシウムをはじめとして、いろいろな栄養素をしっかりとることはとても大切です。

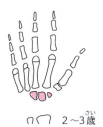 2～3歳　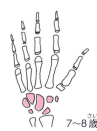 7～8歳　 11～12歳　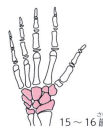 15～16歳

「主食・主菜・副菜（汁物をふくむ）」をそろえて、栄養のバランスのとれた食事にしましょう。

- 主食…ごはんやパン、めん類（おもにエネルギーのもとになる食品）
- 主菜…魚や肉、たまごや大豆（おもに体をつくるもとになる食品）などを

> 発育期は、骨量の加齢的変化から見ても、体の発育発達の時期であると同時に、骨格の成長が完了し、最大骨量に到達するまでの重要な時期である。骨格の形成には、カルシウムをはじめとする多くの栄養素や、エネルギー摂取が深く関わっている。発育期において、これらを十分摂取し、適正な食生活を心がけることが、極めて重要である。

主食・主菜・副菜（汁物をふくむ）を調べてみよう

4年 体育、特別活動

> 体をよりよく発育・発達させるために、栄養のバランスのとれた食事をとることの大切さについて理解できるようにする。

> 学校給食では、発育期に必要な栄養素であるカルシウムを多く含む牛乳や小魚などが加えられている。

- 主食……ごはん
- 主菜……豚肉のしょうが焼き
- 副菜……みそしる　おひたし
- その他…みかん　牛乳

- 主食……山菜うどん
- 主菜……ちくわの磯辺揚げ
- 副菜……大豆の五目煮
- その他…いちご　牛乳

> 身近な食事から考えることができるように、各学校の給食の献立を主食、主菜、副菜（汁物を含む）、その他に分けて記入する。

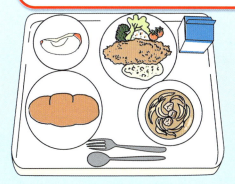

> 学習したことを日常生活に生かせるように、バイキングや間食など、食品が自由に選べる状況においても、栄養のバランスを考えて食品を選ぶことができるようにする。

- 主食……パン
- 主菜……魚フライ
- 副菜……オニオンスープ　野菜サラダ
- その他…りんご　牛乳

- 主食……（　　　　）
- 主菜……（　　　　）
- 副菜……（　　　　）
- その他…（　　　　）

地域に伝わる行事食を調べてみよう

日本は南北に長く、それぞれの地域に祭りや行事が伝わっていて、四季折々の自然から生み出される食材を使って季節の節目に食べられている行事食があります。

中でも、一年の始まりを祝う正月に食べる雑煮は、だしの素材や味付け、もちの形、具の種類など地域や家庭によってもさまざまです。みなさんの家庭で食べる雑煮や各地の雑煮について調べてみましょう。

（例）各地の雑煮

雑煮の味付けや具の種類は、同じ都道府県内であっても地域や家庭によって異なります。

- 岡山　ぶりの雑煮
- 島根　小豆の雑煮
- 京都　白みその里芋入り雑煮
- 福井　かつお節の雑煮
- 新潟　さけとイクラの雑煮
- 岩手　くるみだれの雑煮
- 福島　凍り豆腐の雑煮
- 千葉　はばのりの雑煮
- 東京　こまつなの雑煮
- 香川　白みそのあんもち入り雑煮
- 鹿児島　えびだしの薩摩雑煮

自分の家の雑煮について調べてみよう

だ　し：

味付け：

もち・具：

地域に伝わる行事食を調べてみよう

日本は南北に長く、それぞれの地域に祭りや行事が伝わっていて、四季折々の自然から生み出される食材を使って季節の節目に食べられている行事食があります。

中でも、一年の始まりを祝う正月に食べる雑煮は、だしの素材や味付け、もちの形、具の種類など地域や家庭によってもさまざまです。みなさんの家庭で食べる雑煮や各地の雑煮について調べてみましょう。

4年 社会、総合、道徳

〈例〉各地の雑煮
地域の産物や風土の違いから生まれた食文化の多様性や、日本の年中行事にまつわる行事食について理解できるようにする。

もちでも地域や家庭によって異なります。

新潟 さけとイクラの雑煮

岩手 くるみだれの雑煮

岡山 ぶりの雑煮

島根 小豆の雑煮

京都 白みそ 里芋入り雑煮

福井 かつお節の雑煮

福島 凍り豆腐の雑煮

鹿児島 えびだしの薩摩雑煮

香川 白みその あんもち入り雑煮

東京 こまつなの雑煮

はばのりの雑煮

①だしの違い（昆布、かつお節、煮干し、するめ、穴子、とり肉など）
②味付けの違い（塩、しょうゆ、みそ）
③餅の違い（角餅、丸餅、あん入り餅、また、焼く、煮る）
※ここに示したもの以外にも、例えば沖縄県では、雑煮に代わるものとして、「中味汁」（豚の内臓の汁）がある。

自分の家の雑煮について調べてみよう

だ　し：

味付け：

もち・具：

昔の生活と今の生活をくらべてみよう

昔の道具と今の道具をくらべてみましょう

みなさんのおじいさんやおばあさんは子供のころ、どのようなくらしをしていたのでしょうか。食事を作る道具や食べ物を保存する方法、食事の様子など、昔の人々の生活と私たちの生活をくらべてみましょう。

	昔	今	
ごはんをたく道具	かまど・羽釜 かまどでまきをもやし、羽釜でたいていました。	ガス炊飯器	電気炊飯器
にる、焼く道具	七輪  七輪という道具で、炭をもやして、料理をしていました。	ガスコンロ	電磁調理器
保存する道具	氷冷蔵庫  氷を使って冷やしていました。	電気冷蔵庫 	

昔はどのように食べ物を長もちさせたのでしょう。

昔の人はいろいろな方法で食べ物を長もちさせてきました。長もちするように工夫された食べ物を「保存食」といいます。

長もちさせる方法　その1

干す：日光などにあて、食べ物にふくまれる水分をぬく

魚の干物　するめいか　切干しだいこん　干しがき

長もちさせる方法　その2

塩づけ：塩につけて、食べ物の水分をぬく

新巻鮭　梅干し（塩づけ＋干す）

長もちさせる方法　その3

発酵：体に害のないよいきんをふやして、害のあるきんをおさえる

みそ　豆腐よう

3つの方法を組み合わせた保存食もあります。

げんざい使われている食べ物の保存方法について調べてみましょう。

昔の生活と今の生活をくらべてみよう

昔の道具と今の道具をくらべてみましょう

みなさんのおじいさんやおばあさんは子供のころ、どのようなくらしをしていたのでしょうか。食事を作る道具や食べ物を保存する方法、食事の様子など、昔の人々の生活と私たちの生活をくらべてみましょう。

	昔	今
ごはんをたく道具	かまど・羽釜	ガス炊飯器 電気炊飯器
かまどでまきをもやし、羽釜でたいていました。		
にる、焼く道具	七輪	ガスコンロ  電磁調理器 
七輪という道具で、炭をもやして、料理をしていました。		
保存する道具	氷冷蔵庫 	電気冷蔵庫 
氷を使って冷やしていました。		

> 郷土資料館や博物館等を利用したり、学芸員や高齢者から話を聞いたりすることを通して、興味・関心をもたせる。

> 昔の生活が今の生活と深く結び付いていることに気付かせる。道具や暮らしの変化には、生活をよりよく変えようとする人々の願いが込められていることに目を向けさせる。

4年 社会、総合、道徳

昔はどのように食べ物を長もちさせたのでしょう。

> 食に関わる古い道具を取り上げ、それらを使っていた頃の食事の仕方や食生活の様子を理解し、人々の生活の知恵について考えることができるようにする。

長もちさせるために工夫された食べ物を「保存食」といいます。

長もちさせる方法　その1

干す：日光などにあて、食べ物にふくまれる水分をぬく

魚の干物　するめいか　切干しだいこん　干しがき

長もちさせる方法　その2

塩づけ：塩につけて、食べ物の水分をぬく

新巻鮭　梅干し（塩づけ＋干す）

> 保存食は食品が腐敗しないように加工や処理されたものである。
> また、長持ちするだけではなく、味をよくしたり、栄養価を高めたりするなどの工夫により、地域ごとに独自の食文化を築いてきたことに目を向けさせる。

長もちさせる方法　その3

発酵：体に害のないよいきんをふやして、害のあるきんをおさえる。

みそ　豆腐よう

3つの方法を組み合わせた保存食もあります。

げんざい使われている食べ物の保存方法について調べてみましょう。

> 「干す」、「塩漬け」、「発酵」を組み合わせた食べ物について、調べさせる。
> 　例　たくあん漬け、ふなずし

参考資料　たのしい食事 つながる食育 を取り入れた 食に関する指導 年間指導計画 例（中学年）　埼玉県川口市 栄養教諭 髙田マリ

月	目標	ねらい	全校共通活動（給食時間を含む）	3年学級活動（特別活動）	3年 教科	3年 総合学習	3年 道徳	4年学級活動（特別活動）	4年 教科	4年 総合学習	4年 道徳	給食行事 献立のテーマ
4	あんぜんに じゅんびしよう	給食の準備を安全にできるようにする	準備の仕方 給食当番	「じゅんびや後かたづけを上手にしよう」【社】	理科「植物をそだてよう」【選・感】							入学・進級献立 春の献立（たけのこご飯） 食べやすさに配慮し、残量の少ない献立
5	きょう力して かたづけよう	きまりを守り、協力して片付けをすることができる	片付けの約束 食事の基本的マナー		図工 むし歯予防ポスター【健】				国語「大きな力を出す」「動いて、考えて、また動く」【健】 図工 むし歯予防ポスター【健】			ようこそ1年生給食 こどもの日給食（柏餅） 旬を取り入れた献立（グリンピース・そらまめ）
6	よい食べかたを身につけよう	よい姿勢でよくかんで食べ、感じの良い食べ方ができる	よくかんで食べる はし使い 歯によい食べ物	「マナーのもつ意味」（P13）【社】 「朝ごはんでパワーアップ」【重・健】	理科「植物を育てよう」 ※育つ様子と体のつくり【選・感】 「野菜やいものひみつ（根・くき・葉・花・実）」（P 09）				社会「くらしとごみ」【社】 国語「一つの花」【感】		「グレンよ 走れ」【健】	1年生親子会食※ カミカミ給食 歯の健康に配慮した献立 県産農産物を取り入れた献立
7	食べものの衛生に気をつけよう	手洗いを徹底させ、清潔意識の高揚を図る	手の洗い方 白衣・はしの清潔		理科「植物を育てよう」 ※花から実へ【選・感】				国語「本はともだち」【選・重】 自由研究「1人1研究」		「うみがめの命」【感】	七夕給食（七夕そうめん汁） 夏の献立（うなぎご飯） 衛生に配慮した献立
9	ねつや力になる食べものを知ろう	毎日の献立から熱や力になる食べものを知り、主食のよさに気づく	熱や力になる食品 主食の大切さ		社会「わたしのくらしと川口市の人々の仕事」【選・文】 「食べ物が届くまで」（P 10）		「ふろしき」【文】		社会「くらしと水」【社】			お月見給食（だご汁） 熱や力になる食品の啓発
10	体をつくる食べものを知ろう	毎日の献立から体をつくる食べものを知り、進んで食べる。	体をつくる食品 魚など苦手なものも進んで食べる	「好ききらいしないで食べよう」「好ききらいしないで 食べよう」（P 15）【健】	国語「ちいちゃんの かげおくり」【重・健】		「あめ玉」【感】		国語「ごんぎつね」【感】			にこにこ弁当の日※ 秋の献立（くりご飯、きのこのクリーム煮） 体をつくる食品の啓発
11	体のちょうしをととのえる食べものを知ろう	毎日の献立から体の調子をととのえる食べものを知り、進んで食べる	体の調子をととのえる食品 県の農産物		国語「すがたをかえる大豆」「食べ物のひみつを教えます」【重・心・文】 「食べ物大変身」（P 11）				社会「井沢弥惣兵衛と見沼代用水」【社】		「へこたれない きせきのりんご」【感】	「川口の日」の給食（鋳物汁・鉄骨いなりちらし） 県産農産物を取り入れた献立 体の調子を整える食品の啓発
12	すききらいなく食べよう	食べ物の働きを知って、すききらいなく食べることができる	栄養の基礎的知識 すききらいなく食べる		体育（保健）「けんこうな生活」【健】 「自分の生活リズムを調べてみよう」（P 14）		「言い出せなくて」【感】					冬の献立 冬至の献立（かぼちゃ・ゆず） サンタの給食
1	かんしゃの心をもって食べよう	心をこめてあいさつをすることができ、感謝の心をもてる	あいさつ 感謝の心を育む 調理員さんへの手紙	「きゅう食に感しゃしよう」【感】	国語「ありの行列」【重】	元気な体に【健】		「食べれば栄養、残せばごみ」【健】	社会「埼玉県の様子」【重】		「神戸のふっこうはぼくらの手で」【健】	おせち給食（くりきんとん、田作り、お雑煮） 全国学校給食週間 給食集会 招待給食
2	仲よくのこさず食べよう	会食を通して人間関係を育成する	仲よく食べる工夫		社会「昔の道具と人々のくらし（七輪体験）」※「昔の生活と今の生活をくらべてみよう」（P 18）【文】	「地域に伝わる行事食を調べてみよう」（P 17）【文】		「もっととろうよカルシウム」【健・選】	体育（保健）「育ちゆく体とわたし」【健】 「元気な体に必要な食事」（P16）			節分献立（豆ご飯） 板前給食※ 感謝給食
3	バランスをかんがえて食べよう	1年間の給食活動を振り返らせ、次年度の指導につなげる。	1年間を振り返る									6年生親子会食※ さようなら給食（6年生リクエスト献立） ひな祭り給食（ちらしずし） 卒業進級お祝い給食（赤飯）

太字：栄養教諭とのTT授業、「　」…「たのしい食事 つながる食育」、食に関する指導の目標：【重】…食の重要性，【健】…心身の健康，【選】…食品を選ぶ力，【感】…感謝の心，【社】…社会性【文】…食文化、※…家庭地域との連携
＊本校では、なるべく各教科等の中で指導内容と関連づけて食育を行う方針であるため、中高学年では学級活動（2）を利用した食育の時数は少なくなっています。

高学年

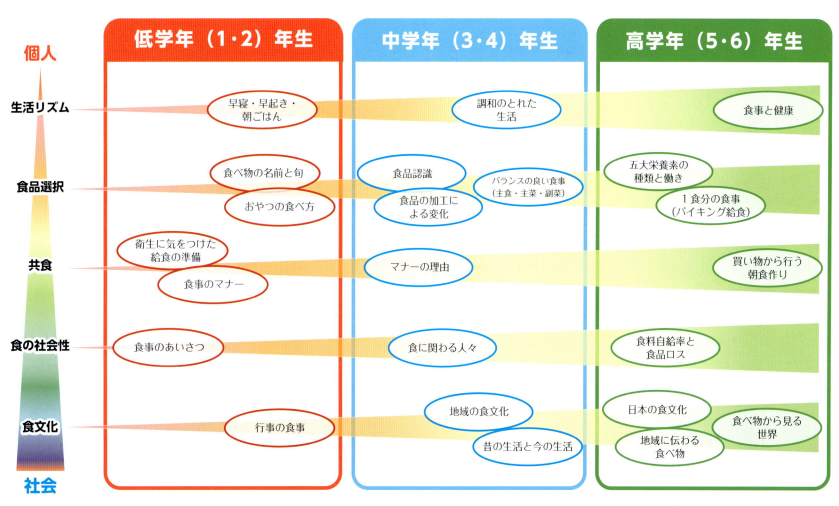

食べ物の栄養

　私たちが食べ物を食べると、口の中でかみくだかれ、胃や腸で消化された後、栄養素が体内に吸収されます。これらの栄養素は、私たちの健康を保ち、体を動かしたり、大きくしたりするために役立っています。

五大栄養素の種類と働き

　食べ物はいろいろな食品でできています。その食品には、体に必要な栄養素がふくまれていますが、1つの食品だけで必要な量をとることはできません。このため、いろいろな食品を組み合わせて食べることが大切です。
　栄養素には、炭水化物、脂質、たんぱく質、無機質、ビタミンがあり、これらを「五大栄養素」といいます。

体の中でのおもな働き

炭水化物……おもにエネルギーになる働きがある。
脂質…………おもにエネルギーになる働きがある。
たんぱく質…筋肉などの体をつくる働きがある。
無機質………おもに体の調子を整えたり、骨や歯など体をつくったりする働きがある。
ビタミン……おもに体の調子を整える働きがある。

　食品は、その中にふくまれる栄養素の体内でのおもな働きにより3つのグループに分けられます。今日の給食に入っている食品をそれぞれのグループに分けてみましょう。

（例）おひたし　さんま蒲焼き　みかん　牛乳　ごはん　根菜汁

- おもにエネルギーのもとになる食品のグループで、炭水化物や脂質が多くふくまれます。
（例）米、油

- おもに体をつくるもとになる食品のグループで、たんぱく質や無機質（カルシウムなど）が多くふくまれます。
（例）さんま、豆腐、牛乳

- おもに体の調子を整えるもとになる食品のグループで、ビタミンや無機質が多くふくまれます。
（例）ごぼう、大根、にんじん、ねぎ、小松菜、もやし、みかん

クロスワードパズルに挑戦！

□を並べかえて、下の文を完成させましょう。

みんな大好き　□ ゆ □ □ □

タテのかぎ

3…おもに筋肉などの体をつくる働きがある栄養素は、○○○○質
7…いわしの稚魚をゆでて少し干した食品
8…大豆を発酵させて作る調味料は、○○うゆ
9…おもに体をつくる働きと体の調子を整える働きがあり、ミネラルとも呼ばれる栄養素は、○○質
10…おもに体の調子を整える働きがあり、野菜や果物に多くふくまれる栄養素

ヨコのかぎ

1…骨や歯をつくる働きがある栄養素
2…穀物の一種。桃太郎があげたものは、○○団子
3…体の中でおもにエネルギーになる栄養素は○○○○化物
4…なべ料理の具材でも使われている、魚のすり身やとり肉の団子は、○○れ
5…バターや食用油などに多くふくまれ、体の中でおもにエネルギーになる栄養素は、○○つ
6…牛乳の脂肪分から作られるのは、○○ーむ

いろいろな食品を組み合わせてバランスのよい食事を心がけましょう。

食べ物の栄養

私たちが食べ物を食べると、口の中でかみくだかれ、胃や腸で消化された後、栄養素が体内に吸収されます。これらの栄養素は、私たちの健康を保ち、体を動かしたり、大きくしたりするために役立っています。

五大栄養素の種類と働き

食べ物はいろいろな食品でできています。その食品には、体に必要な栄養素がふくまれていますが、1つの食品だけで必要な量をとることはできません。このため、いろいろな食品を組み合わせて食べることが大切です。

栄養素には、炭水化物、脂質、たんぱく質、無機質、ビタミンがあり、これらを「五大栄養素」といいます。

体の中でのおもな働き

炭水化物……おもにエネルギーになる働きがある。
脂質…………おもにエネルギーになる働きがある。
たんぱく質…筋肉などの体をつくる働きがある。
無機質………おもに体の調子を整えたり、骨や歯などをつくる。
ビタミン……おもに体の調子を整える働きがある。

> 給食に使われている食品が体の中でどのような働きをしているかを考えさせ、3つのグループに分けさせる。

食品は、その中にふくまれる栄養素の体内でのおもな働きにより3つのグループに分けられます。今日の給食に入っている食品をそれぞれのグループに分けてみましょう。

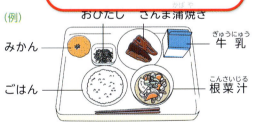

（例）みかん、おひたし、さんま蒲焼き、牛乳、ごはん、根菜汁

おもにエネルギーのもとになる食品のグループで、炭水化物や脂質が多くふくまれます。
（例）米、油

おもに体をつくるもとになる食品のグループで、たんぱく質や無機質（カルシウムなど）が多くふくまれます。
（例）さんま、豆腐、牛乳

おもに体の調子を整えるもとになる食品のグループで、ビタミンや無機質が多くふくまれます。
（例）ごぼう、大根、にんじん、ねぎ、小松菜、もやし、みかん

5年 家庭、総合

> 食品の体内での主な働き（3つのグループ）と五大栄養素について理解し、望ましい食事のとり方について考えられるようにする。

> クロスワードパズルでは、五大栄養素の種類と働きに関する知識を確認することができる。

□を並べかえて、下の文を完成させましょう。

みんな大好き ［　］［ゆ］［　］［　］［　］

タテのかぎ

3…おもに筋肉などの体をつくる働きがある栄養素は、○○○○質
7…いわしの稚魚をゆでて少し干した食品
8…大豆を発酵させて作る調味料は、○○うゆ
9…おもに体をつくる働きと体の調子を整える働きがあり、ミネラルとも呼ばれる栄養素は、○○質
10…おもに体の調子を整える働きがあり、野菜や果物に多くふくまれる栄養素

ヨコのかぎ

1…骨や歯をつくる働きがある栄養素
2…穀物の一種。桃太郎があげたものは、○○団子
3…体の中でおもにエネルギーになる栄養素は○○○○化物
4…なべ料理の具材でも使われている、魚のすり身やとり肉の団子は、○○れ
5…バターや食用油などに多くふくまれ、体の中でおもにエネルギーになる栄養素は、○○つ
6…牛乳の脂肪分から作られるのは、○○ーむ

> いろいろな食品を組み合わせてバランスのよい食事を心がけましょう。

バイキング給食にチャレンジ

学校給食の献立は、主食、主菜、副菜（汁物をふくむ）がそろっています。3つをそろえると栄養のバランスがよくなります。

今日は楽しいバイキング給食です。自由に料理を選んで、1食分の給食を考えてみましょう。

副菜　野菜やきのこ、いもや海藻類（おもに体の調子を整えるもとになる食品）などを多く使ったおかず

主菜　肉や魚、たまごや大豆（おもに体をつくるもとになる食品）などを多く使ったおかず

主食　ごはんやパン、めん類（おもにエネルギーのもとになる食品）

主食グループ：ごはん、おにぎり、コッペパン、ラーメン、わかめごはん、食パン、あげパン、うどん、スパゲッティ

主菜グループ：えびフライ、ウインナーソーセージ、ハンバーグ、オムレツ、とりのからあげ、焼き魚、肉じゃが、魚フライ、麻婆豆腐、シチュー、カレー、すごもり卵

副菜グループ：きゅうりの酢の物、野菜いため、ほうれんそうのおひたし、コーンソテー、ひじき煮、野菜サラダ、スープ、ブロッコリーのソテー、もやしのごまあえ、海藻サラダ、みそしる、きんぴらごぼう

その他グループ：りんご、フルーツゼリー、ヨーグルト、みかん、果汁飲料、茶、牛乳

主食、主菜、副菜（汁物をふくむ）、その他の4つのグループからメニューを選んで書いてみましょう。

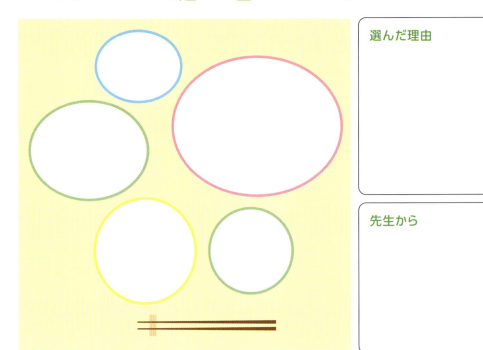

選んだ理由

先生から

バイキング給食にチャレンジ

学校給食の献立は、主食、主菜、副菜（汁物をふくむ）がそろっています。3つをそろえると栄養のバランスがよくなります。

今日は楽しいバイキング給食です。自由に料理を選んで、1食分の給食を考えてみましょう。

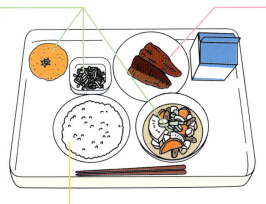

副菜　野菜やきのこ、いもや海藻類（おもに体の調子を整えるもとになる食品）などを多く使ったおかず

主菜　肉や魚、たまごや大豆（おもに体をつくるもとになる食品）などを多く使ったおかず

主食　ごはんやパン、めん類（おもにエネルギーのもとになる食品）

> 食品の体内での主な働きによる3つのグループ（①主にエネルギーのもとになるもの、②主に体をつくるもとになるもの、③主に体の調子を整えるもとになるもの）を組み合わせることで、栄養のバランスのよい食事になる。
> 「主食、主菜、副菜（汁物を含む）」の3つがそろうことで①、②、③がそろい、栄養のバランスがとりやすくなることを理解させる。

> バイキング給食などを通して、栄養のバランスを考えて料理を選択できるようにする。

5年　家庭、総合

主食、主菜、副菜（汁物をふくむ）、その他の4つのグループからメニューを選んで書いてみましょう。

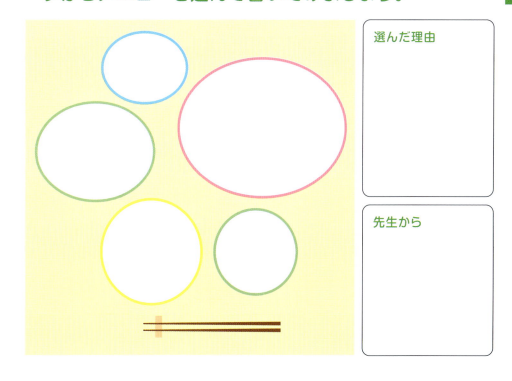

選んだ理由

先生から

食べ物はどこから

私たちがいつも食べている食料はどこで作られているのでしょうか。

> 天ぷらうどんの食材は、どこからきているのか調べてみましょう。

食料自給率とは

自分の国の食べ物が自分の国でどれくらい作られているのかを表す割合を「食料自給率」といいます。

食品	食材	自給率（％）	主な生産国
うどん	小麦		
えび天	えび		
	ころも（小麦）		
かまぼこ	白身魚		
やくみ	ねぎ		
つゆ	しょうゆ（大豆）		
	だし（かつお）		

各国の食料自給率について、調べてみましょう。

外国からの輸入食料が不足したら、どうなるか考えてみましょう。

食料自給率をアップするには、何をしたらよいか考えてみましょう。

日本の食料は、約40％が国内で生産されたものです。残りの約60％を海外からの輸入にたよっている一方で、多くの食品が捨てられています。

> まだ食べられるのに、期限切れや食べ残しなどで捨てられるものを「食品ロス」といいます。日本では「食品ロス」は年間約642万トン（平成24年度）といわれています。
> 食品を捨てることは、その生産に使われた土地、水、エネルギーなどの貴重な資源も無駄にしていることになります。

食べものに、もったいないを、もういちど。
NO-FOODLOSS PROJECT

食べ物はどこから

私たちがいつも食べている食料はどこで作られているのでしょうか。

> 外国から輸入されている食材や食品について取り上げ、食料自給率の問題など、食生活全般を振り返り、食品ロスや環境問題についても理解を深め、実生活で意識できるようにする。

**5年
社会、総合**

> 天ぷらうどんの食材は、どこからきているのか調べてみましょう。

食料自給率とは

自分の国の食べ物が自分の国でどれくらい作られているのかを表す割合を「食料自給率」といいます。

食品	食材	自給率（％）	主な生産国
うどん	小麦		
えび天	えび		
	ころも（小麦）		
かまぼこ	白身魚		
やくみ	ねぎ		
つゆ	しょうゆ（大豆）		
	だし（かつお）		

> 生産地が遠ければ遠いほど、輸送距離も長くなる。船や飛行機、鉄道、トラックなどによって排出される二酸化炭素も多くなり、地球環境に負担をかけることにも目を向けさせる。

外国からの輸入食料が不足したら、どうなるか考えてみましょう。

食料自給率をアップするには、何をしたらよいか考えてみましょう。

> 参考：フード・アクション・ニッポン（食料自給率向上のための5つのアクション）
> ①「いまが旬」の食べ物を選びましょう。
> ②地元でとれる食材を日々の食事に活かしましょう。
> ③ごはんを中心に、野菜をたっぷり使ったバランスのよい食事を心がけ、しっかり朝ごはんを食べましょう。
> ④食べ残しを減らしましょう。
> ⑤自給率向上を図るさまざまな取組を知り、試し、応援しましょう。

日本の食料は、約40％が国内で生産されたものです。残りの約60％を海外からの輸入にたよっている一方で、多くの食品が捨てられています。

まだ食べられるのに、期限切れや食べ残しなどで捨てられるものを「食品ロス」といいます。日本では「食品ロス」は年間約642万トン（平成24年度）といわれています。

食品を捨てることは、その生産に使われた土地、水、エネルギーなどの貴重

> 買い物や調理の工夫をしたり、残さず食べたりすることの大切さを伝えるようにする。

食べものに、もったいないを、もういちど。
NO-FOODLOSS PROJECT

食事と健康について考えてみよう

ふり返ってみよう

あてはまるものに○を付けてみましょう。

( )
十分に睡眠をとっている。

( )
好ききらいをしないで食べている。

( )
おやつを食べるときには、時間や量を決めている。

( )
糖分、脂肪分、塩分をとり過ぎないように気をつけている。

( )
体を動かして遊んだり、運動したりしている。

生活習慣病を予防しよう

食事、運動、休養・睡眠など、生活の仕方と深いかかわりがある病気を生活習慣病といいます。糖分や脂肪分、塩分などのとり過ぎ、不規則な生活習慣や運動不足などの生活を続けていると起こりやすくなります。

心臓や脳の血管の病気

血液は、体のいたるところに酸素や栄養分を送っています。血液の通り道が血管です。糖分や脂肪分、塩分をとり過ぎると、血管のかべが固くなったり、血管がつまったりして血液の流れが悪くなります。これが心臓や脳の血管で起こると、心臓病や脳卒中などの病気を起こすことがあります。

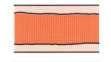 正常な血管
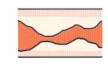 せまくなった血管

口の中の病気

糖分を多くとり過ぎたり、食事の後歯みがきをしないでいたりすると、むし歯になりやすくなります。また、むし歯以外にも、歯ぐきがはれる、出血する、歯がぐらぐらするなどといった病気の原因にもなります。

口の中の病気を予防するためには

 □ よくかんで食べる。
 □ だらだらとおやつを食べ続けない。
 □ 糖分をとり過ぎない。
 □ 食後はしっかり歯をみがく。
 □ カルシウムをとる。

好きな食品について調べてみよう

あなたの好きな食品にはどれぐらいの脂肪分(脂質)、塩分(食塩相当量)がふくまれているのでしょうか。下の絵から選んで調べてみましょう。

食品名	内容量	脂肪分(脂質) 学校給食1食分のめやす 20.8g〜25.0g	塩分(食塩相当量) 学校給食1食分のめやす 2.5g未満
	g	g	g
	g	g	g
	g	g	g

 フランクフルトソーセージ(1本 約70g)
脂質約17.3g、食塩相当量約1.3g

クロワッサン(1個 約50g)
脂質約13.4g、食塩相当量約0.6g

 ポテトチップス(1ふくろ 約60g)
脂質約21.1g、食塩相当量約0.6g

ポップコーン(1ふくろ 約100g)
脂質約22.8g、食塩相当量約1.4g

 カップめん(1個 約70g)
脂質約14.1g、食塩相当量約4.8g

 ポテトコロッケ(1個 約50g)
脂質約8.8g、食塩相当量約0.4g

 ミルクチョコレート(1枚 約70g)
脂質約23.9g、食塩相当量約0.1g

 アイスクリーム(1個 約100g)
脂質約8g、食塩相当量約0.3g

(日本食品標準成分表2010)

気付いたことを書いてみましょう。

食事と健康について考えてみよう

ふり返ってみよう

あてはまるものに○を付けてみましょう。

( ) 十分に睡眠をとっている。

( ) 好ききらいをしないで食べている。

( )  おやつを食べるときには、時間や量を決めている。

( ) 糖分、脂肪分、塩分をとり過ぎないように気をつけている。

( ) 体を動かして遊んだり、運動したりしている。

> 自分が実践しているものに○を付けさせ、○が付かなかったものについては理由を考えさせる。

生活習慣病を予防しよう

食事、運動、休養・睡眠など、生活の仕方と深いかかわりがある病気を生活習慣病といいます。糖分や脂肪分、塩分などのとり過ぎ、不規則な生活習慣や運動不足などの生活を続けていると起こりやすくなります。

心臓や脳の血管の病気

血液は、体のいたるところに酸素や栄養分を送っています。血液の通り道が血管です。糖分や脂肪分、塩分をとり過ぎると、血管のかべが固くなったり、血管がつまったりして血液の流れが悪くなります。これが心臓や脳の血管で起こると、心臓病や脳卒中などの病気を起こすことがあります。

> 血管がつまる → 脳梗塞、心筋梗塞
> 血管がさける → 脳出血

口の中の病気

糖分を多くとり過ぎたり、食事の後歯みがきをしないでいたりすると、むし歯になりやすくなります。また、むし歯以外にも、歯ぐきがはれる、出血する、歯がぐらぐらするなどといった病気の原因にもなります。

> だらだらと食べ続けていると、口の中は酸の強い状態が長く続くことになるので、むし歯になりやすいことに触れる。

6年 体育

> 生活習慣病の予防のために、糖分、脂肪分、塩分などをとり過ぎる偏った食事や間食を避けるなど、健康によい生活習慣を身に付ける必要があることを理解し、自ら考えながら食事ができるようにする。

口の中の病気を予防するためには

☐ よくかんで食べる。　☐ だらだらとおやつを食べ続けない。　☐ 糖分をとり過ぎない。　☐ 食後はしっかり歯をみがく。　☐ カルシウムをとる。

好きな食品について調べてみよう

あなたの好きな食品にはどれぐらいの脂肪分（脂質）、塩分（食塩相当量）がふくまれているのでしょうか。下の絵から選んで調べてみましょう。

食品名	内容量	脂肪分（脂質） 学校給食1食分のめやす 20.8g～25.0g	塩分（食塩相当量） 学校給食1食分のめやす 2.5g未満
		～ g	～ g
		g	g
		g	g
		g	g

> 児童の好む食品には、脂肪分（脂質）、塩分（食塩相当量）を多く含むものがあることに気付かせる。

 フランクフルトソーセージ (1本 約70g)
脂質約17.3g、食塩相当量約1.3g

 クロワッサン (1個 約50g)
脂質約13.4g、食塩相当量約0.6g

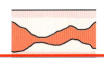 ポテトチップス (1ふくろ 約60g)
脂質約21.1g、食塩相当量約0.6g

 ポップコーン (1ふくろ 約100g)
脂質約22.8g、食塩相当量約1.4g

 カップめん (1個 約70g)
脂質約14.1g、食塩相当量約4.8g

 ポテトコロッケ (1個 約50g)
脂質約8.8g、食塩相当量約0.4g

 ミルクチョコレート (1枚 約70g)
脂質約23.9g、食塩相当量約0.1g

 アイスクリーム (1個 約100g)
脂質約8g、食塩相当量約0.3g

> 記載されている例示食品の脂肪分（脂質）、塩分（食塩相当量）はあくまでも目安である。原材料や分量によっても変わる。

気付いたことを書いてみましょう。

> ※食塩相当量は、ナトリウム量に2.54を乗じて算出したもの。
> ナトリウムの量（mg）× 2.54 ÷ 1000 = 食塩相当量（g）

朝ごはんを作ってみよう

❶ 朝ごはんのメニューを考えよう

ポイント
- 栄養のバランスを考える
- 調理にかかる時間を考える

考えた朝ごはんを描いてみましょう。

朝ごはんの献立を考え、使用する食品を3つのグループに分けて、栄養のバランスがとれているか確かめてみましょう。

食品のグループ / 料理名	おもにエネルギーのもとになる食品		おもに体をつくるもとになる食品		おもに体の調子を整えるもとになる食品	
	炭水化物を多くふくむ食品	脂質を多くふくむ食品	たんぱく質を多くふくむ食品	無機質(カルシウム)を多くふくむ食品	ビタミンや無機質を多くふくむ食品	
	米・パン・めん・いもなど	油・バター・マヨネーズなど	魚・肉・卵・豆・豆製品など	牛乳・乳製品・小魚・海藻など	色のこい野菜	その他の野菜・きのこ・果物
(例) ごはん	米					

❷ 調理に必要な材料をそろえよう

ポイント
- 食品ロスを減らす
- 賞味期限と消費期限に注意する

①使用する材料の分量を書いてみましょう。

材料名	分量（1人分）	分量（　人分）

②家にある材料を調べて、足りない材料（買うもの）を書き出してみましょう。

賞味期限…おいしく食べることができる期限です。
　　　　　この期限を過ぎても、すぐに食べられなくなるわけではありません。

消費期限…安全に食べられる期限です。
　　　　　この期限内に食べるようにしましょう。

朝ごはんを作ってみよう

6年 家庭

> 栄養や献立・調理に関する基礎的・基本的な知識や技能を活用して、自分や家族の朝食作りの計画を立て、材料を購入し、適切に保存したり、安全・衛生に配慮して調理や後片付けをしたりすることができるようにする。

❶朝ごはんのメニューを考えよう

ポイント
- 栄養のバランスを考える
- 調理にかかる時間を考える

朝ごはんの献立を考え、使用する食品を3つのグループに分けて、栄養のバランスがとれているか確かめてみましょう。

考えた朝ごはんを描いてみましょう。

食品の グループ／料理名	おもにエネルギーのもとになる食品		おもに体をつくるもとになる食品		おもに体の調子を整えるもとになる食品	
	炭水化物を多くふくむ食品	脂質を多くふくむ食品	たんぱく質を多くふくむ食品	無機質(カルシウム)を多くふくむ食品	ビタミンや無機質を多くふくむ食品	
	米・パン・めん・いもなど	油・バター・マヨネーズなど	魚・肉・卵・豆・豆製品など	牛乳・乳製品・小魚・海藻など	色のこい野菜	その他の野菜・きのこ・果物
(例)ごはん	米					

> ①作ってみたい朝ごはんのイメージを描き、主食、主菜、副菜(汁物を含む)について考えさせる。
> ②食品を3つのグループに分類させ、栄養のバランスがとれているか確認させる。

❷調理に必要な材料をそろえよう

ポイント
- 食品ロスを減らす
- 賞味期限と消費期限に注意する

①使用する材料の分量を書いてみましょう。　②家にある材料を調べて、足りない材料(買うもの)を書き出してみましょう。

材料名	分量(1人分)	分量(　人分)

> 家にある材料を確認してから必要な材料を無駄にならないように購入する。
> その際、食品の表示を確認する。

名称	加熱食肉製品
賞味期限	○○○○年△月△日
原材料	○○○○○○○○
内容量	500g
保存方法	10℃以下で保存してください
製造者氏名	○○ハム株式会社○○工場
製造所在地	○○県○○市○○町1-2

賞味期限

名称	調理パン
消費期限	○○○○年△月△日○時
原材料	○○○○○○○○
内容量	150g
保存方法	10℃以下で保存してください
製造者氏名	○○フーズ株式会社
製造所在地	○○県○○市○○町1-2

消費期限

賞味期限…おいしく食べることができる期限です。
　　　　　　この期限を過ぎても、すぐに食べられなくなるわけではありません。

消費期限…安全に食べられる期限です。
　　　　　　この期限内に食べるようにしましょう。

❸食品は適切に保存する

ポイント
- それぞれに適した保存方法を考える

名称	加熱食肉製品
賞味期限	○○○○年△月△日
原材料	○○○○○○○○○○ ○○○○○○○○○○
内容量	500g
保存方法	10℃以下で保存してください
製造者氏名	○○ハム株式会社○○工場
製造所在地	○○県○○市○○町 1-2

冷暗所に保存する　いも類、かぼちゃ、たまねぎなど

野菜室（約5〜10℃）
野菜、果物など

冷蔵室（約3〜5℃）
卵、牛乳、魚、肉、その他

じゃがいもの芽や皮が緑色になった部分は、中毒の危険があるので、取り除いて調理する。

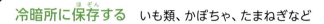

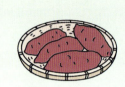

❹調理してみよう

ポイント
- 食中毒に注意する

食中毒の予防－食品や調理器具を衛生的にあつかおう

つけない
- 手を洗い、野菜などの食材や調理器具などをきれいに洗う。
- 生の食品（肉など）にふれた手やはしから調理済みの食品に細菌などが移らないようにする。

増やさない
- 買い物から帰ったら、細菌などが増えないように、すぐに食品を冷蔵庫に入れる。生ものや料理はできるだけ早く食べる。

やっつける（加熱する）
- ほとんどの細菌やウイルスは熱に弱いので、食品は中まで火が通るように加熱する。75℃で1分以上がめやす。（二枚貝等ノロウイルス汚染のおそれのある食品の場合は 85〜90℃で 90秒以上）

朝ごはん作りのふり返り

献立を考えることができましたか	はい	いいえ
栄養のバランスを考えた献立ができましたか	はい	いいえ
食品の表示を見て材料を買うことができましたか	はい	いいえ
調理の前に、手をしっかり洗うことができましたか	はい	いいえ
計画通りに調理できましたか	はい	いいえ
おいしそうに、食べやすく盛り付けることができましたか	はい	いいえ
楽しく、おいしく食べることができましたか	はい	いいえ
協力して後片付けができましたか	はい	いいえ

食中毒は、食品が原因で腹痛や下痢、おうと、発熱などの症状（中毒）が起きること。おもな原因は、人の体に有害な細菌やウイルス、毒きのこやフグの毒などの自然毒。

❸ 食品は適切に保存する

購入した材料の保存方法について理解させる。

ポイント
- それぞれに適した保存方法を考える

冷蔵室（約3〜5℃）
卵、牛乳、魚、肉、その他

野菜室（約5〜10℃）
野菜、果物など

冷暗所に保存する　いも類、かぼちゃ、たまねぎなど

じゃがいもの芽や皮が緑色になった部分は、中毒の危険があるので、取り除いて調理する。

名称	加熱食肉製品
賞味期限	○○○○年△月△日
原材料	○○○○○○○○○○ ○○○○○○○○○○
内容量	500g
保存方法	10℃以下で保存してください
製造者氏名	○○ハム株式会社○○工場
製造所在地	○○県○○市○○町1-2

❹ 調理してみよう

それぞれのポイントを踏まえて計画通りに調理できたか確認させる。

ポイント
- 食中毒に注意する

朝ごはん作りのふり返り

献立を考えることができましたか	はい	いいえ
栄養のバランスを考えた献立ができましたか	はい	いいえ
食品の表示を見て材料を買うことができましたか	はい	いいえ
調理の前に、手をしっかり洗うことができましたか	はい	いいえ
計画通りに調理できましたか	はい	いいえ
おいしそうに、食べやすく盛り付けることができましたか	はい	いいえ
楽しく、おいしく食べることができましたか	はい	いいえ
協力して後片付けができましたか	はい	いいえ

食中毒の予防－食品や調理器具を衛生的にあつかおう

つけない
- 手を洗い、野菜などの食材や調理器具などをきれいに洗う。
- 生の食品（肉など）にふれた手やはしから調理済みの食品に細菌などが移らないようにする。

増やさない
- 買い物から帰ったら、細菌などが増えないように、すぐに食品を冷蔵庫に入れる。生ものや料理はできるだけ早く食べる。

やっつける（加熱する）
- ほとんどの細菌やウイルスは熱に弱いので、食品は中まで火が通るように加熱する。75℃で1分以上がめやす。（二枚貝等ノロウイルス汚染のおそれのある食品の場合は85〜90℃で90秒以上）

食中毒は、食品が原因で腹痛や下痢、おうと、発熱などの症状（中毒）が起きること。おもな原因は、人の体に有害な細菌やウイルス、毒きのこやフグの毒などの自然毒。

日本の食文化を伝えよう

　日本は南北に長く、春・夏・秋・冬の四季があり、季節ごとに旬の農産物や水産物などがあります。これらの食べ物をおいしくいただくための知恵が、食品や料理を通して伝えられています。

魚　大豆の加工品　米　海藻　野菜・いも

　米や魚、大豆の加工品、海藻、野菜・いもなど昔から日本で食べられてきた食品について調べてみましょう。

お茶について

お茶は日本の家庭で伝統的に飲まれてきました。日本では「せん茶」が多く飲まれています。その他にも、「ほうじ茶」、「玄米茶」、「抹茶」などの種類があります。

日本人の食事に欠かせない調味料

　私たちの食生活に欠かせない調味料には、しょうゆとみそがあります。このしょうゆとみそは大豆をおもな材料とし、小麦や米、塩などを加えて作ります。日本各地で作られるしょうゆとみそは、地域によって作り方や、味、色、香りに違いがあります。

ごはんにみそしるは昔の人の知恵

豆腐やわかめ、野菜などを入れたみそしるは、ごはんを食べやすくするとともに、いろいろな栄養素を補ってくれます。

「和食；日本人の伝統的な食文化」ユネスコ無形文化遺産登録について

　和食は、四季や地理的な多様性による「新鮮で多様な食材の使用」、「自然の美しさを表した盛りつけ」などといった特色を有しており、日本人が基礎としている「自然の尊重」という精神にのっとり、正月や田植え、収穫祭のような年中行事と密接に関係し、家族や地域のコミュニティのメンバーとの結びつきを強めるという社会的習慣であることが認められ、ユネスコの無形文化遺産代表一覧表に記載されました。

日本の食文化を伝えよう

　日本は南北に長く、春・夏・秋・冬の四季があり、季節ごとに旬の農産物や水産物などがあります。これらの食べ物をおいしくいただくための知恵が、食品や料理を通して伝えられています。

魚　大豆の加工品　米　海藻　野菜・いも

　米や魚、大豆の加工品、海藻、野菜・いもなど昔から日本で食べられてきた食品について調べてみましょう。

お茶について

お茶は日本の家庭で伝統的に飲まれてきました。日本では「せん茶」が多く飲まれています。その他にも、「ほうじ茶」、「玄米茶」、「抹茶」などの種類があります。

日本人の食事に欠かせない調味料

米とみそについて調べ、日本の伝統的な食事（ごはん＋みそ汁＋おかず）とその配膳について理解し、自分の食生活に活用できるようにする。

しょうゆとみそがあります。この...塩などを加えて作ります...日本各地で作られるしょうゆとみそは、地域によって作り方や、味、色、香りに違いがあります。

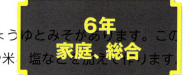
6年
家庭、総合

（しょうゆの種類）
こいくちしょうゆ
うすくちしょうゆ
たまりしょうゆ
さいしこみしょうゆ
しろしょうゆ

ごはんにみそしるは昔の人の知恵

豆腐やわかめ、野菜などを入れたみそしるは、ごはんを食べやすくするとともに、いろいろな栄養素を補ってくれます。

（みその種類と原料）
米みそ（大豆、米、塩）、麦みそ（大豆、麦、塩）、豆みそ（大豆、塩）

「和食；日本人の伝統的な食文化」
ユネスコ無形文化遺産登録について

　和食は、四季や地理的な多様性による「新鮮で多様な食材の使用」、「自然の美しさを表した盛りつけ」などといった特色を有しており、日本人が基礎としている「自然の尊重」という精神にのっとり、正月や田植え、収穫祭のような年中行事と密接に関係し、家族や地域のコミュニティのメンバーとの結びつきを強めるという社会的習慣であることが認められ、ユネスコの無形文化遺産代表一覧表に記載されました。

地域に伝わる食べ物を大切にしよう

　私たちが毎日食べている食べ物には、その地域に伝わる特有の食べ物もあります。みなさんが住む地域には、どのような食べ物があるか調べてみましょう。

地域の産物　（例）伝統野菜

「伝統野菜」ってどんな野菜なのかな？

自分が住んでいる地域に伝統野菜はあるかな？

学校給食に使用される地域の食べ物や伝統野菜を見つけてみよう！

もっとくわしく調べたいことはあるかな？

クラスで取り組むテーマを決めよう！

 チャレンジ **地域に伝わる食べ物を探ろう！**
テーマを決めて取り組みましょう。

地域に伝わる食べ物を大切にしよう

私たちが毎日食べている食べ物には、その地域に伝わる特有の食べ物もあります。みなさんが住む地域には、どのような食べ物があるか調べてみましょう。

地域の産物　（例）伝統野菜

下仁田ねぎ　長岡巾着なす　八列とうもろこし　五郎島金時　雪菜

紹介している伝統野菜の特徴
- 【北海道】八列とうもろこし：粒が8列に並んでいて、細長い。
- 【山形県】雪菜：雪の中で成長したかぶの芽の部分を食べる。
- 【福島県】会津小菊かぼちゃ：外皮が薄い赤褐色で硬い。
- 【群馬県】下仁田ねぎ：通常のねぎより太く、煮ると柔らかくなる。
- 【新潟県】長岡巾着なす：大型で丸みがあり、縦にしわがある。形は巾着袋に似ている。
- 【石川県】五郎島金時：外皮が鮮明な紅赤色で、糖度が高く水分が少ない。
- 【愛知県】守口大根：通常の大根より細長く、太さは2cm程度だが長さが120cm以上になる。
- 【奈良県】大和いも：こぶし状の形で、ねばり気が強い。
- 【島根県】津田かぶ：外皮は上部が赤紫色で、先は白色になっている。まが玉のような形をしている。
- 【愛媛県】伊予緋かぶ：外皮は紫色で、鮮やかな紅色の漬物になる。
- 【宮崎県】糸巻き大根：外皮は赤紫色と白色のものがあり、糸を巻き付けたような筋が入っている。
- 【沖縄県】モーウイ：赤茶色で細かな網目模様をしている。

6年　総合、道徳

「伝統野菜」ってどんな野菜なのかな？

食文化が地域の伝統や気候風土と密接な関係にあることを理解するとともに、探究活動に主体的、創造的、協働的に取り組む態度を育むことができるようにする。

伝統野菜は、その土地で古くから作られてきたもので、その土地の気候風土に合った野菜として地域の食文化とも密接に関わっていた。
一方で、形がそろいにくい、手間がかかる、などの理由から生産が減少していたが、近年再び注目が集まってきている。

学校給食に使用される地域の食べ物や伝統野菜を見つけてみよう！

実際に伝統野菜を育てている人と関わりのある取組を行うことが望ましい。調べる、育てる、食べる、よさを伝える、などの活動を行うことも考えられる。

もっとくわしく調べたいことはあるかな？

クラスで取り組むテーマを決めよう！

 チャレンジ　地域に伝わる食べ物を探ろう！

テーマを決めて取り組みましょう。

食べ物から世界を見よう

各国の料理や材料の原産地を調べてみよう！

ポトフ

フェイジョアーダ

タコス

クラムチャウダー

ナシゴレン

> 外国の料理やその材料を取り上げ、外国の食文化や日本の食文化に対する理解を深めるようにする。

**6年
社会、家庭、総合**

ボボティー

サモサ

トムヤムクン

スパゲッティ

ピッツァ

麻婆豆腐（マーボーどうふ）

ビビンバ

ピロシキ

みそしる

27

> 日本に自生していた野菜は、わさび、みつば、みょうがなどであり、現在多く食べられている野菜のほとんどは、外国から伝わったものである。

> ①学校給食で、提供されている料理がどこの国の料理か調べる。
> ②その料理の材料となる野菜の原産地はどこか調べ、世界のつながりについて考える。

キャベツ

すいか

だいこん

レタス

ほうれんそう

たまねぎ

にんじん

なす

さといも

ねぎ

はくさい

トマト

ピーマン

じゃがいも

わさび

参考資料 たのしい食事 つながる食育 を取り入れた 食に関する指導 年間指導計画 例（高学年）

埼玉県川口市 栄養教諭 髙田マリ

月	目標	ねらい	全校共通活動（給食時間を含む）	5年 学級活動（特別活動）	5年 教科	5年 総合学習	5年 道徳	6年 学級活動（特別活動）	6年 教科	6年 総合学習	6年 道徳	給食行事 献立のテーマ
4	あんぜんに じゅんびしよう	給食の準備を安全にできるようにする	準備の仕方 給食当番			「食べるってなぁに？」【重・健・選・感・社・文】		「栄養バランスを考えて何でも食べよう」【重・健】	社会「縄文のむかしから古墳のくにへ」【重・文】 家庭科「いためてつくろう、朝食のおかず」【重・文・選】 「朝ごはんを作ってみよう」（P 23）	「世界の友達と手をつなごう」【文・重・社】		入学・進級献立 春の献立（たけのこご飯） 食べやすさに配慮し、残量の少ない献立
5	きょう力して かたづけよう	きまりを守り、協力して片付けをすることができる	片付けの約束 食事の基本的マナー		理科「植物の発芽」【選】 家庭科「はじめてみようクッキング」【重・社】 [食べ物の栄養]「食べ物の栄養」（P19）【健・選】 図工 むし歯予防ポスター【健】				国語「カレーライス」【感】 社会「天皇中心の国づくり」【重・文】 図工「むし歯予防ポスター、標語」【健】			ようこそ1年生給食 こどもの日給食（柏餅） 旬を取り入れた献立 （グリンピース・そらまめ）
6	よい食べかたを身につけよう	よい姿勢でよくかんで食べ、感じの良い食べ方ができる	よくかんで食べる はし使い 歯によい食べ物	「朝食について考えよう」【重・健】	社会「くらしを支える食料生産」【選】 「米づくりのさかんな地域」【選】 理科「植物の成長」【選】				理科「体のつくりとはたらき」【健】			1年生親子会食 カミカミ給食 歯の健康に配慮した献立 県産農産物を取り入れた献立
7	食べものの衛生に気をつけよう	手洗いを徹底させ、清潔意識の高揚を図る。	手の洗い方 白衣・はしの清潔	海浜学園に向けて（食事のマナー）【社】	社会「くらしを支える食料生産」【選】 自由研究「1人1研究」				理科「生物どうしの関わり」【健】 自由研究「1人1研究」			七夕給食（七夕そうめん汁） 夏の献立（うなぎご飯） 衛生に配慮した献立
9	ねつや力になる食べものを知ろう	毎日の献立から熱や力になる食品を知り、主食のよさに気づく	熱や力になる食品 主食の大切さ		理科「植物の実や種子のでき方」【選】 社会「水産業のさかんな地域」【感】		「わが家の思い出」【感】		社会「町人の文化と新しい学問」【重・文】	「みんなで健康」【文・重・社・健】		お月見給食（だご汁） 熱や力になる食品の啓発
10	体をつくる食べものを知ろう	毎日の献立から体をつくる食べものを知り、進んで食べる。魚など苦手なものも進んで食べる	体をつくる食品		社会「これからの食料生産とわたしたち」【選】 「食べ物はどこから」（P21）				社会「世界に歩み出した日本」【重】			にこにこ弁当の日 秋の献立（くじご飯、きのこのクリーム煮） 体をつくる食品の啓発
11	体のちょうしをととのえる食べものを知ろう	毎日の献立から体の調子をととのえる食べものを知り、進んで食べる	体の調子をととのえる食品 県の農産物	（学校保健委員会「けんこう会議」）	家庭科「食べて元気に」【選】		「もったいない」【感】	（学校保健委員会「けんこう会議」）	社会「新しい日本 平和な日本へ」【重】 家庭科「くふうしようおいしい食事」【感・選・社】	「日本の食文化を伝えよう」（P25）		「川口の日」の給食 （鋳物汁・鉄骨いなりちらし） 県産農産物を取り入れた献立 体の調子を整える食品の啓発
12	すききらいなく食べよう	食べ物の働きを知って、すききらいなく食べることができる	栄養の基礎的知識 すききらいなく食べる		家庭科「食べて元気に」【選】 体育（保健）「心の健康」【健】				家庭科「くふうしようおいしい食事」【感・選・社】	「地域に伝わる食べ物を大切にしよう」（P26） 「食べ物から世界を見よう」（P27）		冬の献立 冬至の献立 （かぼちゃ・ゆず） サンタの給食
1	かんしゃの心をもって食べよう	心をこめてあいさつをすることができ、感謝の心をもてる	あいさつ 感謝の心を育む 調理員さんへの手紙	「バイキング給食にチャレンジ」（P 20）【選】 「給食に感謝し、楽しく食事をしよう」【感】	家庭科「食べて元気に」【選】 理科「もののとけ方」【選】			「調理員さんありがとう」【感】	家庭科「くふうしようおいしい食事」【感・選・社】	「感謝の気持ちを表そう」【感・選・社】	「食べ残されたえびになみだ」【感】 「世界がもし100人の村だったら」【重】	おせち給食（くりきんとん、田作り、お雑煮） 全国学校給食週間 給食集会 招待給食
2	仲よくのこさず食べよう	会食を通して人間関係を育成する	仲よく食べる工夫					「『食べられる』ということ」【重・健】	体育（保健）「病気の予防」【重・健・選】 「食と健康について考えてみよう」（P26） 社会「日本とつながりの深い国々」【重・文】			節分献立（豆ごはん） 板前給食 感謝給食
3	バランスをかんがえて食べよう	1年間の給食活動を振り返らせ、次年度の指導につなげる。	1年間を振り返る						理科「生物と地球環境」【健】			6年生親子会食 さようなら給食 （6年生リクエスト献立） ひな祭り給食（ちらしずし）卒業進級お祝い給食（赤飯）

太字：栄養教諭とのTT授業、「 」…『たのしい食事 つながる食育』、食に関する指導の目標：【重】…食の重要性、【健】…心身の健康、【選】…食品を選ぶ力、【感】…感謝の心、【社】…社会性【文】…食文化、※…家庭地域との連携

*本校では、なるべく各教科等の中で指導内容と関連づけて食育を行う方針であるため、中高学年では学級活動（2）を利用した食育の時数は少なくなっています。

作成者の意図を知る

小学校の食育の学びを体系化
～『小学生用食育教材』～

文部科学省初等中等教育局健康教育・食育課
元 食育調査官　濱田有希

『食育の教科書』刊行！

——平成25（2013）年の『今後の学校における食育の在り方に関する有識者会議』で「スーパー食育スクール」と並び、新しい取組の目玉であった「食育の教科書」が『小学生用食育教材 たのしい食事 つながる食育』として平成28（2016）年2月に完成しました。この間、スポーツ庁の設置に伴い、学校保健、安全、学校給食を担当していた文部科学省学校健康教育課は、平成27年度から教育課程を担当する同省の初等中等教育局に移り、「健康教育・食育課」として新たにスタートしました。食育と各教科等との連携もさらに深められているのではないでしょうか。

濱田　はい。この教材では、担任、教科担任の先生方が、さらに手にとって使ってみたくなるようなものを目指しました。

——食育が関係する複数の教科等の先生方からの、さまざまな意見をまとめ上げていくのは、とても大変な作業ではなかったですか？

濱田　やはり実際に学校現場で日頃から子どもたちに接していらっしゃる担任の先生方だからこそ、「実際にはこういった課題がある」「この力はもっと早い時期につけさせたい」といったご意見がありました。そのため、この『小学生用食育教材』では、これまでの『食生活学習教材』の配列から前倒しして入れた内容があったり、「この時期に扱うのは少し早いのでは？」ということで後に回すといった順序の入れ替えを行っています。内容の見せ方も従来とは多少違っているかもしれません。

内容の配列を吟味

——扱う順番が以前の『食生活学習教材』から変わったものがありますね。たとえば、行事食は低学年からかなり詳しく扱われています。

濱田　作成委員会の先生方からは「はしの持ち方・使い方は1年生のうちからできるように教えたい」とか、「食事の基本的なマナーについては、子どもたちにくり返し、給食時間の指導を含めて教えていきたい」という意見があり、扱いを低学年からに前倒ししたものがあります。

一方、たとえば食品の分類ですが、従来は低学年から、いわゆる「食品の3つのグループ」的なものが出ていました。もちろん「赤・黄・緑にグループ分けしなさい」というものではなかったのですが、そういった見せ方をしていた部分を中学年以降からにしました。「食品の分類は低学年ではまだ早いのではないか」ということと、5年生からの家庭科での学習につなげていくという意味も含め、成長に必要な栄養素を扱う体育科（保健領域）で、中学年からに移行しています。

食品の3つのグループ分けは、以前の『食生活学習教材』では、くり返し赤・黄・緑のモチーフを出して見せていた部分がありました。しかし、学習指導要領では「赤・黄・緑」という表現は使われていません。そこは教科書に合わせ「おもにエネルギーのもとになる」「おもに体をつくるもとになる」「おもに体の調子を整えるもとになる」という3つの働きのグループとして提示しています。ただし、色のイメージとして各グループに従来の赤・黄・緑が、また本書では言及されませんが、『食事バランスガイド』とのつながりも生まれるような色使いの工夫をしてあります。

「指導書」を意識した体裁

——『小学生用食育教材 たのしい食事 つながる食育 指導者用』では、冊子で扱われる内容が、教科等にきちんと位置づけられています。

濱田　従来は「どの学年で、どの時間（教科等）に、どう教えるかがあまり明確でなかった」というご指摘もありました。それを踏まえ、児童の発達段階に応じて、また学習指導要領も踏まえて、どの学年の、どの教科等が、一番食育と関連するものなのかを考え、体系化したものを作ったところです。

——まさに「体系化」ですね。3年生理科「植物のからだのつくり（根・茎・葉）」や、中学年以降では社会科のウエートが増えました。体育科（保健領域）や家庭科の内容にも目配せして作られているのが、とてもいいなと思いました。

濱田　社会科の内容もかなり入っていますが、もちろんそれを授業ですべて扱ってくださいというものではありません。その単元で、指導される先生に食育に関する部分も意識をもって授業をしていただきたいということなのです。またそうすることで子どもたちの学習意欲も違ってきますということです。

——理科の「根・茎・葉」については、品目を絞って非常にわかりやすく提示されています。強いていえば、じゃがいもの「地下茎」が多少難しいかなと思いますが、提示された「さつまいも」「じゃがいも」「キャベツ」「ブロッコリー」「トマト」は児童が栽培活動や給食でなじみの深いものですし、じゃがいもが隣のトマトと同じナス科であることや、上のキャベツとブロッコリーも同じアブラナ科であることなど、よく考えられています。

濱田　同じ「いも」ですが、植物の部位では、「茎」と「根」で間違えやすいということで、さつまいもとじゃがいもの例を示しました。教科の学習のねらいに沿いながら、この程度までは関連づけて授業していただけるかなというものを入れています。食育の内容だけを授業で扱うのは、現実問題としてかなり難しいことです。そこは教科や学級担任の先生が使いやすいように配慮しました。

——ところで指導者用の冊子は、まさに「簡にして要を得る」といった誌面構成です。

濱田　今回はあえて担任の先生方がいつも見慣れている教科等の『指導書』の体裁をイメージして作成しました。

——教科書の『指導書』の体裁ですね。

濱田　児童用の冊子と同じ誌面で、指導者の方には、どういったところに気をつけて指導するか、その留意点もわかるように赤字で載せました。学習のねらいについては二重枠で示しています。また内容を深めていく上での参考となる情報も加えています。

この編集方針で果たしてよかったのか、それは今後、使っていただいて評価していただけるものと思います。より中身の濃い、もしくはもっと踏み込んだ内容を実施したいというときは、栄養教諭・学校栄養職員や、専門の方をゲストティーチャーに呼んでいただき、一緒にTTなどで取り組んでいただけたら、なお深まると思います。

ただ、栄養教諭・学校栄養職員の先生が授業や指導に参画できないときも、担任や教科担任の先生方が食育というものをより身近に感じ、教科等と食に関する指導との関連を意識しながら授業していただけたら、さらに学校での食育に広がりが出てくるのではないか。そう考えて、今回はあえてイメージを変えて作ってみました。

担任の先生方に広げていく

― 担任や教科担任の先生方に食育をさらに広げていくための戦略なのですね。

濱田 ある担任の先生から「（食育は）これまでちょっと敷居が高かった」と言われ、「そんなふうに感じていらした方もいらっしゃったのだ」と思いました。また従来の『食生活学習教材』は、内容が一部、かなり高度なところがあるとも指摘されました。もっとも今は、もし高度な内容にまで踏み込んで教えたいのであれば、いくらでもよい教材・資料があります。今回は、「最低でも、これは学校で伝えてほしいこと」をまとめています。

― なるほど。

濱田 冊子の中で使われている用字・用語、言い回しも、それぞれの教科等の専門の調査官の先生方に見ていただきました。各学年での漢字の使い分けも国語科の配当漢字に合わせています。発展的な部分の説明などで、どうしても未習の漢字を用いるときは、すべてふりがなをふりました。また教科によっては、一見、同じような事象でも異なる言い回しや用語を使うことがあります。こうした面も、栄養教諭・学校栄養職員の先生方が授業されるときには、ぜひ参考にしていただけるといいなと思っています。

ですから、一冊の本として見たときに、どうしても低中高学年のページで表記ゆれがあります。そこは発達の段階に合わせ、あえてそうしてあるということは、ぜひご理解いただけたらと思っています。

「主菜」「副菜」はあえて使用

濱田 食育に関する用語でいうと、「主食、主菜、副菜」という言葉は、現行の学習指導要領では中学校で扱う内容※になっています。

※「主食、主菜、副菜」は、令和2（2020）年度から全面実施された新学習指導要領から、小学校家庭科の内容に位置づけられています。

小学校5年生の家庭科教科書では「主食とおかず」という書き方になっていました。しかし、そこは総合的に考えて、中学年から「主食」「主菜」「副菜」という言葉を使って説明しています。さらに「副菜」の1つとして「汁物」も提示しました。伝統的な食文化として「一汁三菜」に触れることができますから、そういった言葉を早くから知るのも大切ではないかと考えて入れています。その点は、食育は正式な教科ではないことも十分鑑み、柔軟に対応しています。このように、今回の『小学生用食育教材』では、学習指導要領に沿ってきちんと行っているところ、また指導内容を柔軟に捉えているところが混在していることは、ご理解いただけたらと思います。

食育の流れを「見える化」

― この『小学生用食育教材』で、1〜6年生まできちんと小学校の各教科等の内容に位置づけられたことで、「この学年ではこれをやってみよう」といった食育の流れがひと目でわかりますね。

濱田 基本的な食事作法や栄養のこと、自分の体のことや健康に関することを学びながら、3年生からの体育科（保健領域）、そして最終的には5年生からの家庭科の学習につなげていくことが大切です。そのためにも、こうした力を各教科等と関連しながら身につけていく。イメージとしては、一応のゴールを6年生家庭科の「朝ごはんを作ってみよう」に置き、小学校での食育の学びの1つの集大成にしていくような流れです。

自分で献立を考え、賞味期限・消費期限の違いなども注意しながら材料を購入し、自分で料理ができる。そうした実践ができる力といいますか、実践につながる食育にしていきたいと思っています。

― ゴールも描かれているのですね。最終的に家庭科学習につながっていく食育の流れは、多くの先生方からも望まれていたと思います。

小学生用食育教材『たのしい食事 つながる食育』で示された指導内容と教科等への位置づけ

	1年	2年	3年	4年	5年	6年
生活		◎食べ物の「旬」 ◎きせつのごちそう（行事食）	○食べ物が届くまで	○地域に伝わる行事食を調べてみよう ○昔の生活と今の生活をくらべてみよう	○食べ物はどこから	○食べ物から世界を見よう
社会				○地域に伝わる行事食を調べてみよう ○昔の生活と今の生活をくらべてみよう		
理科			◎野菜やいものひみつ（根・くき・葉・花・実）			
体育（保健）				○自分の生活リズムを調べてみよう ○好ききらいしないで食べよう	◎元気な体に必要な食事	◎食事と健康について考えてみよう
家庭					○食べ物の栄養 ○バイキング給食にチャレンジ	◎朝ごはんを作ってみよう ◎日本の食文化を伝えよう ○食べ物から世界を見よう
国語			○食べ物大変身			
総合			○食べ物大変身	○地域に伝わる行事食を調べてみよう ○昔の生活と今の生活をくらべてみよう	○食べ物の栄養 ○バイキング給食にチャレンジ ○食べ物はどこから	○日本の食文化を伝えよう ○地域に伝わる食べ物を大切にしよう ○食べ物から世界を見よう
特別活動	◎さあ、みんなの給食がはじまるよ！ ○食事をおいしくするまほうの言葉 ○はし名人になろう ○みんなで食べるとおいしいね	○元気のもと朝ごはん ○おやつの食べ方を考えてみよう	◎マナーのもつ意味 ○自分の生活リズムを調べてみよう ○好ききらいしないで食べよう	◎元気な体に必要な食事		
道徳	○食事をおいしくするまほうの言葉	○元気のもと朝ごはん		○地域に伝わる行事食を調べてみよう ○昔の生活と今の生活をくらべてみよう		○地域に伝わる食べ物を大切にしよう

◎はその教科等だけで、○は複数の教科等で示されている内容。ただし、ここで示されている教科等以外にも、総合的な学習の時間や給食時間などにも活用できるとしている。

学年段階別に整理した資質・能力（例）

※下線はその学年で初めて登場する概念（知識）や能力（スキル）、行動など

学年		①食事の重要性	②心身の健康	③食品を選択する能力	④感謝の心	⑤社会性	⑥食文化
小学校	低学年	○食べ物に興味・関心をもち、楽しく食事ができる。	○好き嫌いせずに食べることの大切さを考えることができる。○正しい手洗いや、良い姿勢でよく噛んで食べることができる。	○衛生面に気を付けて食事の準備や後片付けができる。○いろいろな食べ物や料理の名前が分かる。	○動物や植物を食べて生きていることが分かる。○食事のあいさつの大切さが分かる。	○正しいはしの使い方や食器の並べ方が分かる。○協力して食事の準備や後片付けができる。	○自分の住んでいる身近な土地でとれた食べ物や、季節や行事にちなんだ料理があることが分かる。
小学校	中学年	○日常の食事に興味・関心をもち、楽しく食事をすることが心身の健康に大切なことが分かる。	○健康に過ごすことを意識して、様々な食べ物を好き嫌いせずに3食規則正しく食べようとすることができる。	○食品の安全・衛生の大切さが分かる。○衛生的に食事の準備や後片付けができる。	○食事が多くの人々の苦労や努力に支えられていることや自然の恩恵の上に成り立っていることが理解できる。○資源の有効利用について考える。	○協力したりマナーを考えたりすることが相手を思いやり楽しい食事につながることを理解し、実践することができる。	○日常の食事が地域の農林水産物と関連していることが理解できる。○地域の伝統や気候風土と深く結び付き、先人によって培われてきた多様な食文化があることが分かる。
小学校	高学年	○日常の食事に興味・関心をもち、朝食を含め3食規則正しく食事をとることの大切さが分かる。	○栄養のバランスのとれた食事の大切さが理解できる。○食品をバランスよく組み合わせて簡単な献立をたてることができる。○体に必要な栄養素の種類と働きが分かる。	○食品の安全に関心をもち、衛生面に気を付けて、簡単な調理をすることができる。	○食事にかかわる多くの人々や自然の恵みに感謝し、残さず食べようとすることができる。○残さず食べたり、無駄なく調理したりしようとすることができる。	○マナーを考え、会話を楽しみながら気持ちよく会食をすることができる。	○食料の生産、流通、消費について理解できる。○日本の伝統的な食文化や食に関わる歴史等に興味・関心をもつことができる。
中学校		○日常の食事に興味・関心をもち、食環境と自分の食生活との関わりを理解できる。	○自らの健康を保持増進しようとし、自ら献立をたて調理することができる。○自分の食生活を見つめ直し、望ましい食事の仕方や生活習慣を理解できる。	○食品に含まれている栄養素や働きが分かり、品質を見分け、適切な選択ができる。	○生産者や自然の恵みに感謝し、食品を無駄なく使って調理することができる。○環境や資源に配慮した食生活を実践しようとすることができる。	○食事を通してより良い人間関係を構築できるよう工夫することができる。	○諸外国や日本の風土、食文化を理解し、自分の食生活は他の地域や諸外国とも深く結びついていることが分かる。

（文部科学省『食に関する指導の手引-第二次改訂版-』pp.21～22より健学社にて作成）

濱田　家庭科の教科調査官からは、「とにかく"実践できる"ことが大切。自分が食べるものとして、栄養バランスを考えた1食分の献立を、工夫して自分で作れるようになることに到達させたいというねらいもあります。そこに至るまで、低中学年から少しずつ学んできたことを積み上げていく形になるようにしたい」というご意見もいただきました。

―家庭科の場合、児童の食歴やある程度の生活体験をもっていることを前提に授業が進められる面もあります。この『小学生用食育教材』で、低学年から伝統食にふれたり、中学年では植物としての野菜を捉えることなどが入り、ある程度、子どもたちの食に関する経験や食品認識のバックグラウンドが揃ってくると、家庭科での学びも進めやすくなると思います。

濱田　もちろん、3年生から学習する体育科(保健領域)でも、健康によい生活を送るため、自分の生活リズムについて調べたり、好き嫌いしないで食べることに取り組んだり、成長期に必要な栄養素について学んでいきます。6年生では、病気の予防の1つとして生活習慣病について学びますので、食べ物の選び方についても、より自分の問題として考えられるようになると思います。

―「生活習慣病」については、脂質量や塩分量を調べる学習の提案など詳しく書かれています。

濱田　多少、中学校で学習する要素も入っています。ここは少し先取りして入れました。といいますのも、脂質や塩分に関しては、おやつの指導ではどうしても触れざるをえない部分だからです。ここは中学校の学習につながっていく内容を、あえて高学年で取り入れみてもよいのではないかとなりました。

―食中毒予防のための衛生管理や、食品ロスについて触れている箇所もあります。

濱田　そこは情報提供的な部分となります。社会科で学習する食料自給率との関連で、今、話題になっている食品ロスや環境問題についても理解を深め、実生活で意識できるようになれるとよいということです。こうした内容は必ずしも教科書には出ていませんが、この『小学生用食育教材』には入れてあります。

学校での活用法

―冊子は、どのように配布されているのですか？

濱田　すでに全国の小学校に配られています。ただ残念ながら児童数全員分はなく、担任用に学級数分配布しています。主に担任の先生が手に取って使うことを念頭に、足りない分はPDFをダウンロードして印刷していただいたり、あるいは電子黒板や実物投影機などを使い、授業の教材にしていただく。またそうした使い方ができるように、誌面も1ページで1枚のシートになるように構成しています。（注：平成29（2017）年1月にはWord版もアップされた。PDFと共に本書付録CD-ROMに収録）

子どもたちには教室でこれらのページを見せ、あるいはワークシートにして配布していただきながら、関連する授業の指導場面で使っていただく。そのとき担任の先生には、子どもと同じ体裁の指導者用冊子を教卓に置いていただき、教科書の『指導書』の要領で、赤字部分と照らし合わせながら、この指導ではどういったところに注意すべきか、何を学ばせるのかを意識して児童に話をしていただく。そういうことができると思っています。
（注：このご意見を踏まえ、本書では見開きで児童用と指導者用のページが一覧できるようにしました）

作成しての思い

―最後に作成にあたっての濱田先生の思いなどを伺えましたら。

濱田　まずは使っていただけるように周知していく必要があると思います。「最低、これ

だけのことは小学校の教育課程に位置づけて、きちんと子どもたちに伝えていただきたい」というものです。教職員一人ひとりが、そこを意識され、子どもたちに食への関心を持たせながら授業を実施していただきたいのです。

もちろん、家庭では保護者が子どもと楽しく食事をする中で食育を行う。そして学校では、教育活動全体を通して、この教材を活用した食育を推進していただきたいと考えています。さらに教職員がそれぞれの地域や学校に合わせ、この教材に工夫を加えながら、子どもたちの主体的な学びにつながるよう展開していただけると大変ありがたいと思います。

――そこでの栄養教諭・学校栄養職員の先生方の役割は何になるでしょう？

濱田 きちんと目を通していただき、所属校や担当校の先生方と、本教材について情報を共有していただけるとありがたいです。

――今回、この『小学生用食育教材』ができたことで、小学校での食育のメインストリームが示されました。いわば大きな幹ができあがったわけです。後の枝や葉に当たる部分の実践や取組は、各学校でそれぞれの実情や実態に合わせながら広げたり付け足していく…。そのことでより実りある食育を作り上げていくことができそうですね。

濱田 はい。そういうふうに使っていただけるといいなと思っています。今回の『小学生用食育教材』作成についての文部科学省の思いとしては、指導者用冊子の「はじめに」のページで文章にまとめています(注：本書P01に掲載)。指導される先生方には、ぜひご一読をお願いしたいと思います。

※初出『月刊 食育フォーラム』2016年6月号。本書掲載に当たり、再編集しました。

これからの食育の概念図

（中央教育審議会「幼稚園、小学校、中学校、高等学校及び特別支援学校の学習指導要領等の改善及び必要な方策等について（答申）」（中教審第197号・平成28（2016）年12月21日）より、健学社にて再構成。）

参考学習指導案①

3年生 理科
植物の体のつくりや育ち方

小学生用食育教材作成委員会・委員
神奈川県横浜市教諭 **前園兼作**

第3学年 理科学習指導案

1．単元名　植物の体のつくりや育ち方

2．単元の目標

○**身近な植物**について興味・関心をもって追究する活動を通して、植物の成長過程と**体のつくりを比較する能力**を育てるとともに、それらについての理解を図り、生物を愛護する態度を育て、植物の成長のきまりや**体のつくりについての見方や考え方**をもつことができる。

3．食に関する指導の観点

○日常食べている野菜を植物の体のつくりから見直すことを通して、**食材として利用されている部分について理解し、自然の恩恵と人の努力を感じて、野菜に対する興味・関心を高める。**　〈食品を選択する能力〉〈感謝の心〉

4．指導計画

時	学習活動
1～6	①植物の種まき（6時間） ・自分が育てる植物を決めよう ・花の種をよく見て、友だちに紹介しよう ・植物の種をまいて、まき方も覚えよう ・最初に出た葉の様子を友だちに伝えよう ・新しく出た葉の様子を友だちに伝えよう ・葉や茎の成長を前回の記録と比べよう
7,8	②根・茎・葉 ・自分が育てる植物を決めよう（本時2/2）

9,10	③花と実 ・花の咲いた様子をじっくり観察しよう ・実ができた様子を友だちと比べよう
11～14	④種とり ・植物の種とりをしよう ・種をとった後の植物の様子を友達に伝えよう ・植物の一生をまとめよう

5. 展開 7時間目（7/14）※4校時目で授業

（※発言の最後の「 。」は新聞・雑誌の表記法の慣例に従い、省略して掲載しています）

主な学習内容と活動 T…教師, C…予想される児童の反応、→…用語の確認	○指導上の留意点　◇評価
本日の学習課題 「植物の体のつくりについて調べよう」 T「体のつくりってわかる？人で言うと」 C「右手。左手・頭・足」 T「ホウセンカの体は、何でできてる？」 C「根がすごい。出てる」「葉（子葉）」「茎」「根」 T「葉・茎・根を、小さかったときと大きくなったときを比べてみると？」 C「葉は2枚だった」→「増えた」 「茎は小さかった」→「大きく・毛がはえた」 「根は1本」→「伸びた」「たくさん」 T「根は何でこんなに伸びたの？」 C「栄養があったから」 T「葉は何でこんなに増えたの？」C「栄養…」 T「茎は何でこんなに太くなったの？」 C「栄養を送るため」 【小さい植物と大きい植物の葉・茎・根を予想する】 C「大きい植物の方が、根も大きい、葉が多い大きい、茎が太い」「小さい植物の方が、根も小さく、葉が少なく小さい、茎が細い」 T「観察して調べよう。畑の雑草は小さい植物だね。ヒマワリは、大きい植物だね。葉は何枚かな？茎は？根は？時間は20分。またこの教室で集まろう」 【観察をして調べる】 T「（予想）はどうだった？」	○机上にホウセンカを用意する ○ホウセンカの写真を黒板に貼る ○自分のホウセンカで確認できるようにする。 ○葉っぱ→「葉」、根っこ→「根」言葉の確認 ○ワークシートを配る ○写真を撮る

展開 8時間目（8/14）※給食を挟み、5校時目で授業

（※発言の最後の「 。」は新聞・雑誌の表記法の慣例に従い、省略して掲載しています）

主な学習内容と活動 T…教師, C…予想される児童の反応、→…用語の確認	○指導上の留意点　◇評価
T「ヒマワリの根が太かったね。大きい植物は根が太いんだね。茎も一番太かったのはヒマワリかな？…」 T「これは何だ？」 C「ニンジンだ」 T「ニンジンは植物って言えるかな？」 C「言える」「言えない」 T「他にもどんな野菜があるかな？」 （予想されるCの発言） ・ダイコン（大根）……根 ・ジャガイモ……根 ・サツマイモ……根 ・キャベツ……葉 ・ブロッコリー……茎 （予想した野菜をワークシートに書く） T「確認するよ。すごく大きい葉は○○だね。すごく大きい茎は□□、すごく大きい根は△△だ。他にも実やたねを食べているのもこんなにあるんだね。野菜って、それぞれの部分が大きいよね」 C「野菜の大きいところを食べているんだね」 C「根に栄養があるから、ニンジンはそこを食べてるんじゃないかな」 T「そう思うよね。でも昔のニンジンはどうだったんだろう。これは何だと思う？」 T「この植物もある野菜のもとの姿です」 C「大根」「セロリ」 T「これはキャベツのもとの姿です」 T「では、ブロッコリーのもとの姿は、どんなだと思う？」 C「あれ、同じだ」 T「もともとは同じ植物だったのだけど、違う野菜になったんだって」	（○前時の続き） ○ニンジンの実物を見せたり、畑のにんじんの姿を見せて、根であることを確認する。 ○1週間、給食に使用された野菜の実物を丸ごと見せたり、包丁で切った切れ端を水に漬けて育てたりして、野菜への興味・関心を高める。 ○根、茎、葉に加えて、実やたねという見方もあることを確認する。 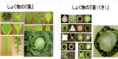 ○根、茎、葉を食べている野菜（植物）を確認していく。  ○ニンジンの原種の画像をパワーポイントで投影したり、写真で見せる。  ○キャベツの原種を見せる。 ○キャベツを見せる。  ○ブロッコリーと原種の花を見せる

C「え〜、うそ〜」 T「その証拠に花が咲くと…」 C「きれい！」 T「キャベツの花は見たことがある？」 C「うわー、どれも黄色だ」 T「キャベツは植物かな？」 C「植物だよ」 T「昔の野菜は、今日観察した草花と同じだったんだね。なぜこんなに大きくなったのかな？」 （予想されるCの発言） ・実験して作った　・水の量や土を変えてみた ・栄養を変えてみた　・正解は何？ T「この本には、こう書かれているよ。『野菜やイモのひみつ、野菜やいもは、食べやすいように人が手を加えて、改良している植物です』」 C「え〜っ」 T「きっと水の量を変えたり、土を変えたり、栄養を変えてみたり、これまで長い間、いろんなことをして、あんなだった葉がこんな ふうになった。人が改良してつくった植物だったんだね。今では八百屋に行けば普通に手に入る。でも、もし人間が手を加えなければ、ニンジンは？」 （予想されるCの発言） ・食べられない　・初めて知った ・人間、すごい！ ・（プリントを見て）「根・くき・葉」って書いてある！　・ジャガイモは「くき」だって！ T「ジャガイモは日に当てると緑色になるんだよ。先生が、畑で今、実験している」 C「見た、見た」 T「今日の『植物の根・くき・葉』の授業で分かったことや考えたことを書こう」 （予想されるCの感想） ・調べた人すごい　・農家の人はすごい ・お母さんにいったらびっくりするかな ・おじいちゃんおばあちゃん、知っているかな？ ・楽しかった ・サツマイモは「根」なのにジャガイモは「くき」 ・ニンジンは改良されていた ・いや〜、人間ってすごい、尊敬しちゃう ・自分も人間じゃん・すごいこと学んだぞ ・おばあちゃんに見せて言ってみよう ・びっくりしすぎて胸がドキンってなった	○キャベツの花を見せる ○ニンジンの実物と原種の写真。ブロッコリーとキャベツの実物と原種の写真を再び見せる。 ○小学生用食育教材『たのしい食事 つながる食育』P09「野菜やいものひみつ」をプリントして配る。  ○キャベツとブロッコリー、ニンジンの実物を見せる。 ◇日常食べている野菜を植物の体のつくりから見直すことを通して、食材として利用されている部分について理解しているか。（食品を選択する能力） ◇自然の恵みと人の努力を感じ、野菜に対する興味・関心を高められたか。 （感謝の心）

※本指導案中、「ニンジン」「サツマイモ」「ジャガイモ」など野菜名の表記はカタカナで揃えています。

参考学習指導案②

3年生 総合的な学習の時間
食べもの 大へんしん！

小学生用食育教材作成委員会・委員
埼玉県教育委員会　市川篤史

第3学年 総合的な学習の時間 学習指導案

1．単元名　食べもの大へんしん！〜大豆編〜

2．単元の目標

○身近な食べ物である大豆に目を向け、生産している人や販売している人と関わりながら、自ら課題を設定し、その解決に向け、探究的に取り組んでいくとともに、実際に大豆を使っていろいろな物を作ることを通して、大豆が自分たちの生活の中に欠かせない食べ物であることに気づくことができる。

3．食に関する指導の観点

○日常食べている食品や料理の名前を知ること〈食品を選択する能力〉
○食生活は、生産者をはじめ多くの人々の苦労や努力に支えられていること〈感謝の心〉

4．指導計画（40時間扱い）

時	学習活動
1〜2	①大豆からできる食品について全体で共有し合い、課題を設定する（2時間） ※国語科との関連「にる」「くだく」「しぼる」「発酵させる」などの加工について意味調べをする。
3〜4	**②大豆についてもっと知りたいことを話し合い、個々の詳細な課題を設定する。（2時間）本時**
5〜10	③課題に沿って大豆からできる食品について調べる（6時間） **※栄養教諭と連携し、子どもの疑問や問いに答えたり、助言したりする** ・農家の人にインタビューする ・スーパーや豆腐店などで取材をする

11～12	④調べたことを整理し、グループごとにわかったことをまとめる（4時間）	
13,14	⑤まとめたことを全体で共有し、新たな疑問や課題を明確にする（2時間）	
15～18	⑥クラス全体としての課題を設定し、探究的に進めていく（6時間） ・大豆を育てる活動　※理科との関連 ・収穫した大豆をどのように加工するかを話し合う活動	
19～28	⑦収穫した大豆を使って加工する①（12時間） ・豆腐作りをする ・取材をした豆腐店の店主や保護者を招き、自分たちで作った豆腐の試食会を行う ・取材をした豆腐店の店主や保護者から評価をしてもらう ・評価から自分たちで作った豆腐について振り返り、課題を明確にする	
29～38	⑧収穫した大豆を使って加工する②（14時間） ・さらにおいしい豆腐を作るために何が必要かをクラス全体で考える ・取材をした豆腐店の店主からアドバイスをもらいながら豆腐作りをする ・再び取材をした豆腐店の店主や保護者を招き、自分たちで作った豆腐の試食会を行う ・取材をした豆腐店の店主や保護者から評価をしてもらう	
39,40	⑨これまでの活動を振り返る（2時間） ・豆腐作りをして学んだことを作文にまとめる	

5. 展開 4時間目（4/40）

○大豆についてもっと知りたいことを話し合い、わかったことをまとめ、今後、取り組む課題について、互いに意見や考えを認めながら考える。

（※発言の最後の「　。」は新聞・雑誌の表記法の慣例に従い、省略して掲載しています）

主な学習内容と活動 T…教師, C…予想される児童の反応、→…用語の確認	○指導上の留意点　◇評価
本日の学習課題 「大豆について　もっとくわしく研究しよう」 T「前回決めた課題から、よりくわしい課題を図に表してみよう。『大豆』についてもっと知りたいと思うことはあるかな？」（必要に応じて例示） C「大豆の色についてもっと知りたい」 C「色のほかにも、形や大きさも調べてみたい」 C「わたしは、大豆をつかった料理も知りたい」 T「ではグループになって、これから調べていきたい課題を話し合って決め、ウェビングマップを使ってまとめていきましょう」 （納豆を話題にした話し合いの例） C「納豆ってどうしてくさいのか調べてみたい」 C「納豆にも種類があるのかな」 C「においの他に、ねばねばにも秘密がありそう」 T「グループで決めた調べたいことについて発表しましょう」 C「わたしたちは納豆の種類、ねばねば、におい、納豆に合う薬味について調べます」 C「ぼくたちは、とうふの種類、作り方、とうふを使った料理について調べます」 C「わたしたちは、きなこの作り方、種類、色、きなこのおかしについて調べます」 T「どのように調べていくのかな？」 C「納豆やきなこはスーパーに売っているけど、今度、社会科でスーパーに見学に行くからそのときに店員さんにくわしく聞いてみようか」 C「とうふはやっぱり、○○豆腐屋さんに行って聞くのがいいと思う」 C「栄養教諭の先生や給食調理員さんならくわしく教えてくれるのではないかな」 T「今日の活動を振り返ってみましょう」 C「グループで話し合うと、1人で考えるよりいろいろな考えが出て楽しかったです」 C「私はとうふについて形や色しか分からなかったけれど、友だちにアドバイスをもらったので、実際に豆腐屋さんに行って作り方やおいしさの秘密について聞いてこようと思いました」	○ウェビングマップを使って知識を広げるようにさせる。 ※ウェビングマップ 　くもの巣(Web)のように連想を広げていく手法。思考するために必要な知識を広げ、可視化できる。この手法を使うことで、より一層、大豆から作られる食品について関心をもたせることができる。  ※小学生用食育教材『たのしい食事 つながる食育』P11をマップ作成の際の参考資料とする。 ○グループごとにこれから調べていく課題について、ウェビングマップを提示しながら発表させる。 ○発表後に質問や意見を聞き、そのことについても返答するようにさせる （全体での共有） グループごとの課題を全体に共有し合うことで、食品が異なっていても取材先が共通することや調べる事柄が同じであることを確認できる ○言語（文字）化させる（振り返り） ◇本日の学びについて1人ひとりが実感できるとともに、今後の取材や調査の活動に見通しをもつことができたか。

6. 他の食品を題材にした指導計画（30〜40時間程度）

○米の例

時配（目安）	学習活動
2	①お米について知ろう、調べよう！ ・小学生用食育教材『たのしい食事 つながる食育』P12を使って学ぶ ・もっと詳しく調べる
6	②お米についてインタビューしよう、見学しよう！ ・栄養教諭・学校栄養職員の先生に聞いてみる ・お米を作っている農家の人にインタビューする ・お米屋さんにインタビューする
12	③お米を育てよう、観察しよう！ ・学校農園や近所の水田などを利用して育てる ・稲の生長の様子を観察する
4	④お米を使って料理しよう、おいしくいただこう！ ・おにぎりを作る ・もちつきをする ・米粉を使った料理を作る
12	⑤お米について話し合おう、考えよう！ ※単元を通して行う（調査・体験後） ・調べてわかったことをクラスみんなに伝える ・わからないことや疑問に思ったことをみんなで解決する ・学習したことを記録していく

○牛乳の例

時配（目安）	学習活動
2	①牛乳について知ろう、調べよう！ ・小学生用食育教材『たのしい食事 つながる食育』P12を使って学ぶ ・もっと詳しく調べる
6	②牛乳についてインタビューしよう、見学しよう！ ・栄養教諭・学校栄養職員の先生に聞いてみる ・乳牛を育てている酪農家の人にインタビューする ・乳製品を作っている工場や売っているお店の人にインタビューする
4	③牛乳を搾ろう、観察しよう！ ・酪農をしているところで乳搾りを体験する
12	④牛乳を使って料理しよう、おいしくいただこう！ ・カッテージチーズ作りにチャレンジする ・バター作りにチャレンジする ・アイスクリーム作りにチャレンジする ・牛乳を使った料理を作る
12	⑤牛乳について話し合おう、考えよう！ ※単元を通して行う（調査・体験後） ・調べてわかったことをクラスみんなに伝える ・わからないことや疑問に思ったことをみんなで解決する ・学習したことを記録していく

参考学習指導案③

5年生 家庭科
ゆで野菜サラダを作ろう

小学生用食育教材作成委員会・委員
栃木県宇都宮市教諭　関口健一

第5学年 家庭科学習指導案

1．題材名　ゆで野菜サラダを作ろう

2．目標
○食品の特徴について実物を見たりさわったりして考え、それぞれの特徴に合ったゆで方でゆで、野菜サラダを作ろうする。　　　　　　　　　　（家庭生活への関心・意欲・態度）
○食品の組み合わせを考えて、その材料に合った切り方やゆで方や味つけを工夫したり、ゆで野菜サラダを作る計画を立てたりすることができる。　　（生活を創意工夫する能力）
○材料の洗い方、切り方、ゆで方に注意したり、包丁やガスこんろの安全な取り扱い方やまな板やふきんの衛生的な取り扱い方に気をつけたりして調理することができる。
　　　　　　　　　　　　　　　　　　　　　　　　　　　　　　　　（生活の技能）
○材料に合った洗い方や適切な切り方、ゆで方、味のつけ方および後片付けの仕方や食品の栄養について理解することができる。　　　　　（家庭生活についての知識・理解）

3．指導計画

時	学習活動
1	①クッキング はじめの一歩（1時間） ・調理の手順と調理用具を知ろう
2〜7	②ゆでてみよう（6時間） ・卵をゆでてみよう ・キャベツをゆでてみよう ・青菜のゆで方を知ろう ・湯から取り出すタイミングに気をつけて青菜をゆでよう ・じゃがいもはどうやってゆでるの？ ・じゃがいもをゆでてみよう

8～10	③ゆで野菜サラダを作ろう！（3時間） ・**食べ物の栄養について知ろう（本時）** ・ゆで野菜サラダを作る計画を立てよう ・ゆで野菜サラダを作ろう
11	④家でもチャレンジ！ゆで野菜サラダを作ろう（1時間） ・家庭での実践計画を立てよう

○五大栄養素の種類と働きについて知り、食品の体内での主な働き（3つのグループ）に分ける分け方について知ることができる。　　　　（家庭生活についての知識・理解）
〈食に関する指導の観点〉
・さまざまな食品には、それぞれ栄養的な特徴があること　　　　　　　　　（心身の健康）

（※発言の最後の「　。」は新聞・雑誌の表記法の慣例に従い、省略して掲載しています）

主な学習内容と活動 T…教師，C…予想される児童の反応	○指導上の留意点　◇評価 T1…教諭，T2…栄養教諭
本日の学習課題 「食べ物の栄養って何だろう？」 ○前時までの活動を振り返り、ゆでる調理をした食品を想起し、食品を食べた後、体の中でどうなるのかを考える T1「卵、キャベツ、青菜、じゃがいもについて、食べた後、体の中ではどうなるのでしょうか」 C 「消化される」「栄養が吸収される」「排泄される」 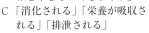 ○五大栄養素と体の中での主な働きについて知る。 ・炭水化物、脂質、たんぱく質、無機質、ビタミン 	○前時までに学習した「ゆでる」について振り返らせ、ゆで野菜サラダに使用する食品を例にあげ、食品を食べた後、体内でどうなるのか考えることを通して、食品の栄養について関心を持たせるようにする（T1） ◇ゆで野菜サラダに使用した食品を食べた後、体の中でどうなるかを考えることを通して、食品の栄養に関心が持てたか（行動観察） ○五大栄養素と、体の中での主な働きについてわかりやすく知らせるために、身近な生活と結びつけたり、主な働きのイラストカードを活用したりする（T2）

○給食に使われている食品を3つのグループに分ける ・おもにエネルギーのもとになる ・おもに体をつくるもとになる ・おもに体の調子を整えるもとになる  ○ゆで野菜サラダを作るために、卵、キャベツ、青菜、じゃがいもから2つの食品を選ぶ。 ○本時の振り返りをする ・わかったことを発表する ・クロスワードパズルの説明を聞く 	○給食で使われている食品が体の中でどのような働きをしているのか、グループで考えさせる。3つに分けさせてから、気がついたことを話し合わせる（T1,T2） ※小学生用食育教材『たのしい食事　つながる食育』P19のWord版を活用してワークシートを作ってもよい ◇食品に含まれている主な栄養素の体内での主な働きにより、食品を3つのグループに分ける分け方について理解できたか（ワークシート） ○次の時間に調理計画を立てることを知らせ、ゆで野菜サラダを作るために、ペアの友だちと相談しながら2つの食品を選ばせ、選んだ理由を発表させる（T1） ○家庭学習で『たのしい食事　つながる食育』P19クロスワードパズルに挑戦させることにより、五大栄養素の種類と働きに関する知識を家族とともに振り返って確認できるようにする（T1）

参考レシピ

高学年「食べ物から世界を見よう」
ボボティー（南アフリカ料理）

東京都栄養教諭　安藤三保子

南アフリカってどんな国？

南アフリカ（南アフリカ共和国）は、アフリカ先住民をはじめヨーロッパやアジアからきた移民が暮らす多民族国家です。食ではイギリスからロースト料理やデザート、ポルトガルから鶏肉料理、フランスからワイン文化の影響を受けています。主食はとうもろこしで、とうもろこし粉を使ったメニューが豊富です。また日本でも有名な「ルイボスティー」は南アフリカの代表的なハーブティーです。

「ボボティー」について

「ボボティー」は、ご飯の上にひき肉とドライフルーツをのせて、卵をかけて焼いた料理です。給食では、卵をかけて焼いたミートローフを、レーズンやアーモンドをのせたターメリックライスと一緒に食べるようにしました。またこのレシピでは、ミートローフにドライフルーツを入れる代わりにジャムを使っています。ジャムは校庭で収穫したあんずから作ったものです。甘くなく、酸味があるのが特徴です。カレー粉も使うので、子どもたちはよく食べていました。はちみつ入りドレッシングのサラダと、じゃがいもなどをミキサーにかけたポタージュ、そして牛乳を添えました。

ターメリックライス（レーズン・アーモンド入り）、ボボティー、ハニーサラダ、じゃがいものポタージュ、牛乳

Recipe

材料（中学年・1人分）

パン粉	6g
牛乳	3g
鶏卵	8g
たまねぎ	25g
バター	0.8g
にんにく	0.4g
豚ひき肉	40g
カレー粉	0.4〜0.5g
ナツメグ	0.05g
ガラムマサラ	0.02g
こしょう	0.02g
塩（天日塩）	0.45g
ウスターソース	0.7g
あんずジャム（低糖）	1g
鶏卵	10g

作り方

①たまねぎをみじん切りにし、バターで炒めて冷ましておく。

②卵はそれぞれ別に割りほぐしておく。

③パン粉は牛乳を入れ合わせておく。

④ひき肉に香辛料、みじん切りのにんにく、しょうが、少ないほうの卵、調味料を入れよく混ぜる。※町田市では牛肉は使わないので、豚ひき肉を使用しています。

⑤天板にオーブンペーパーを敷き、④を平らにのばし、上に溶き卵を流す。

⑥温めたオーブンで焼き（180℃くらいで、30分前後。焼き色を見ながら表面の卵が焦げないように気をつける）、出来上がりを人数分に切り分ける。

本書は、文部科学省初等中等教育局健康教育・食育課編集『小学生用食育教材 たのしい食事 つながる食育』（児童用・指導者用、ダウンロード用データ）を、同省の許可を得て複製し、資料等を加えて、健学社で構成したものです。なお、原著に記された参考資料は以下のとおりです。

参考資料　季刊誌「食品安全」特集（キッズボックス総集編・内閣府 食品安全委員会）
aff（あふ）2010年2月号（農林水産省）
和食 WASHOKU（農林水産省）

健学社 HP もご覧ください！

■ 健学社トップページ　http://www.kengaku.com

健学社は「健康を学ぶ」をモットーに、食育・学校保健関連の専門書籍、指導者向けの月刊誌、校内掲示用の壁新聞ポスターなどを製作・発行する出版社です。

たのしい食事 つながる食育 活用ブック
〜使いこなそう『小学生用食育教材』〜

2017年 4月26日　第1刷発行
2020年12月24日　第3刷発行

編　者	月刊『食育フォーラム』編集部
協　力	濱田有希（鹿児島県教育庁・元 文部科学省 食育調査官）
	市川篤史（埼玉県教育委員会）
	前園兼作（神奈川県横浜市教諭）
	関口健一（栃木県宇都宮市教諭）
	髙田マリ（埼玉県川口市栄養教諭）
	安藤三保子（東京都栄養教諭）　順不同敬称略
発行者	細井裕美
発行所	株式会社 健学社

※ご協力者の先生のご所属は第1刷発行時のものです。

2020 Printed in Japan

©MEXT, Kengakusha ltd.　落丁本、乱丁本は小社にてお取り替えいたします。

ISBN:978-4-7797-0429-1　C3037　NDC 376　72p 210×297mm